NEVER TOO LATE
TO BE GREAT

✤ 일러두기
1. 이 책은《당신은 왜 조바심을 내는가》(그린페이퍼, 2013)의 개정판 도서입니다.
2. 단행본은 겹화살괄호(《》)로, 잡지나 신문은 홑화살괄호(〈〉)로 묶었습니다.

NEVER TOO LATE

한 박자 늦게 잠재력을 폭발시킨 사람들

피크타임

톰 버틀러 보던지음 | 홍연미 옮김

TO BE GREAT

와이즈맵

당신의 타이밍은
반드시 온다

내 삶은 모험적이거나 자랑할 만한 것이 아니다. 어린 시절에 받은 교육 역시 남다른 것과는 거리가 멀다. 그러나 성인이 돼서 한 공부는 내게 행운이었다. 10년이라는 기간은 나에게 체계적인 독서를 할 기회였다. 성공, 동기부여, 심리 분야에서 저명한 책 수백 권을 읽으며 요점을 정리하고 내 생각을 달아 '자기계발' 장르를 내 나름의 방식으로 맥락화했다. 즐겁고 고무적인 시간이었지만 몰입할수록 나는 뭔가 부족하다는 느낌을 지울 수 없었다. 그 부분 때문에 많은 사람들이 자기계발서를 무용지물로 느끼는 것 같았다. 성인이 된 뒤 이 부족한 요소가 무엇인지 깊은 관심을 가졌고, 마침내 그것이 무엇인지 깨닫게 되었다.

20살 때부터 나는 언제나 무엇을 만회하려고 버둥거리고 있는 느낌이었다. 고등학교를 졸업하고 대부분의 내 친구들처럼 심화 교육을 받기 위해 한 예술 대학에 등록했고 사진과 영화 수업을 들었다. 내 계획은 아트 포토그래퍼가 되는 것이었다. 그러나 3년 후 전공이 나에게 맞지 않다는 결론을 내리고 학교를 그만두었다.

나는 고향과 안락한 생활을 뒤로하고 훨씬 큰 도시에서 새로운 학사 과정을 시작했다. 동기들보다 나이가 많았기 때문에 내가 내린 결정을 정당화하기 위해 잘해야 한다는 압박감을 느꼈고 곱절로 공부했다. 장학금이나 대출도 받지 않고, 사람들과 어울리는 최소한의 시간 외에 많은 일을 했다.

그중에는 신문과 잡지 판매점에서 한 아르바이트도 있었다. 매주 말이면 가게 주인은 팔리지 않은 재고를 내게 주었고 나는 그것을 기숙사로 가져와 열심히 읽었다. 그중 유독 내 시선을 끈 잡지가 있었는데, 〈석세스Success〉라는 제목이었다. 당시 나는 야망은 있었지만 미래에는 확신이 없었다. 성공한 사람들은 운명이나 기막힌 행운 덕분에 현재의 자리에 올랐으며, 나와는 다른 부류라고 믿어 의심치 않았다. 그러나 이 잡지에서는 뭔가를 이루어내는 사람이 되는 것은 오히려 '결단'의 문제라고 나와 있었다. 정작 어려운 부분은 자신이 성공할 수 있다는 믿음을 가지는 것이고, 그 뒤로 필요한 것은 적당히 그 믿음을 적용하고 집중하는 것이 전부라는 설명과 함께.

이 이야기가 그럴싸하게 들리기는 했지만 나는 커리어 면에서 내 또래보다 3년이나 뒤처졌으며 이미 중요한 배 한 척은 놓쳤으리라는 느낌을 무시할 수 없었다. 그러면서 나는 남들이 중요한 성취를 이룬 나이가 몇 살인지에 대해 관심을 갖게 되었다. 신문에 실린 약력이나 다큐멘터리를 볼 때도 스스로 자문하곤 했다.

"저 사람이 27살에 저걸 했다면, 나는 뭔가 훌륭한 걸 할 수 있기까지 앞으로 몇 년이나 남았을까?"

미디어에는 어린 나이에 이룬 성공담이 넘쳐났고, 나는 여전히 대학교에서 전전긍긍하며 힘든 시간을 보냈다. 반면 늦게 시작했거나 늦은 나이에 뭔가를 성취한 사람의 전기를 접할 때면 희열을 느꼈다. 이러한 사례를 보면 마음이 조금 누그러졌고 앞에 닥친 일에 집중할 수 있었다.

26살이 되고 제대로 된 직장을 다니던 나는 처음으로 자기계발서를 읽었다. 몇 년 후, 나는 당시 하던 일을 뒤로하고 '유별난' 것처럼 보이는 길을 따르기로 마음먹었다. 개인적 발전에 관한 글을 쓰겠다는 결단을 내린 것이다. 하지만 '자기계발'이라는 분야는 검증되지 않은 지식의 영역이었고, 먼저 발을 디딘 사람들의 추정과 선입견에 기반을 두고 있었다. 많은 책들이 '당신의 삶을 변화시키겠다'는 내용을 담고 있으며 그것도 되도록 빠른 시일 내에 가능하게 하겠다고 공약했다. 그런 모습을 보면서 나는 개인의 발전이라는 측면에서 시간의 역할이 얼마나 간과되고 있는지를 깨달았다. 내가 읽은 책 중 그 점을 지적하는 책은 없었다. 모두가 성공의 지름길만 제시하고 있었다.

분석한 결과, 성공한 사람들의 대다수가 지금의 위치에 이르기까지 적어도 수년의 세월이 걸렸다. 하룻밤 사이에 성공을 이룬 사람은 그 누구도 없었다. 나는 서서히 의구심이 생겨났다. 혹시 '더 디 익는' 성공이 일반적이고 진정한 성과를 이루는 '유일한' 길은 아닐까? 만약 개인에게 할당된 한정된 시간을 기준으로 성공 여부를 가린다면 얼마만큼 달성했는지 그 비율과 패턴, 순서 등으로 성공을 가늠할 수 있을지도 모른다. 그 걸작을 완성하기까지 얼마나 오래 걸렸을까? 그 위대한 발견을 이루기까지 무엇을 했을까? 창업 아이디어를 냈을 때는 몇 살이었고, 회사는 언제부터 번성하기 시작했을까? '개인적인 성공'이 연구할 수 있는 일반적인 주제가 되려면 이러한 시간과 관련한 질문들이 기본이 되어야 한다.

내 귓가를 늘 떠나지 않는 인용문이 있다.

> "대부분의 사람들은 자신이 1년에 이룰 수 있는 것을 과대평가하지만 10년 동안에 이룰 수 있는 것은 과소평가한다."

이 말은 나와 내 주변의 경험에 완벽하게 들어맞는다. 우리 사회는 시간은 곧 돈이며, 목표를 달성하기 위해 싸워야 하는 대상이라고 느끼게 만든다. 그러나 나는 이 적과 좀 더 잘 알게 된다면 친구가 될 수 있지 않을까 하는 생각이 들었다. 자기계발이라는 주제가 현실과 동떨어진 목표를 꿈꾸는 이야기라는 비판은 나 역시도 익히 잘 알고 있다. 자기계발 세미나가 평범하기 짝이 없는 개인을 자극해 위대함의 길로 이끌어 줄 수 있다는 견해에 회의를 품는 것은 당연하다. 하지만 나는 '적절한 기간' 내에 목표를 세우기만 하면 누구나 달성할 수 있다는 증거를 충분히 봐왔다.

또한 성공한 많은 사람들이 오랫동안 다른 경력을 쌓은 뒤에야 비로소 자신의 위대한 프로젝트나 열정을 발견했다는 것 역시 깨닫게 되었다. 큰 보폭을 내디딜 때까지 모두가 긴 시간이 필요했던 것이다. 이러다가 아무것도 안 되는 것은 아닐지 걱정한 순간도 한두 번이 아니었겠지만, 역사라는 기나긴 관점에서 바라보았을 때 그들은 성공으로 향하는 길 위에 있었을 뿐이다.

개인적 발전에는 혁명이 필요하다. 한두 해에 실현될 수 있다는 그럴싸한 환상으로 사람들을 눈멀게 하는 대신 목표를 달성하는 데 시간이 결정적인 역할을 한다는 점을 인정하는 것이 훨씬 더 생산적이다. 이 대안적인 성공 이론은 때로 우리가 가는 길, 도무지 종잡을 수 없을 만큼 뚜렷하지 않은 길에도 주목할 것이다.

장기적인 안목을 가지면 생각하는 것보다 삶을 더욱 넓은 범위에서 바라보는 것이 가능해진다. 게다가 오늘날 우리 대부분은 전보다 더 오래 살고 있기 때문에, 무언가 이루기에 너무 늦은 때는 거의 없게 되었다.

지금 당신에게 필요한 것은, 당신과 비슷한 나이에 비로소 뭔가를 이루기 시작한 사람들의 실제 사례가 아닐까?

이 책에는 전통적으로 '위대한' 사람들의 이야기가 실려 있다. 그들도 한때는 현재의 당신과 같은 나이였으며 어떻게든 싸워나가야 할 자신만의 대상이 있었다. 명성을 얻기까지 상당히 오랜 시간이 걸린 경우도 허다하다.

과거에 살았던 이들의 삶이 현재 우리 삶에 미치는 영향을 무시해서는 안 된다. 당신도 앞으로 10년, 20년, 혹은 30년 뒤에 훌륭한 일을 할 수 있을 것이며, 당신이 이룬 것들은 다음 세대를 통해 긍정적인 방식으로 퍼져나갈 수 있다. 지금이 바로 그 기회다. 기회를 붙잡기에 아직 늦지 않았다.

차례

CHAPTER 5

40은 무엇이든 해도 된다

CHAPTER 6

50이라는 나이가 빚어내는 마술

CHAPTER

NEVER TOO LATE TO BE GREAT

지금까지의 삶은
단지 준비 기간이었다

현대인들은 시간을 곧 돈으로 보거나 싸워서 정복해야 할 대상 정도로 여긴다. 그러나 워런 버핏은 시간을 친구로 여긴 덕분에 성공적인 투자자가 되었다. 버핏은 투자할 회사를 정하면 그 회사의 가치가 드러날 때까지 참을성 있게 기다렸다. 때로는 주식을 몇십 년씩 보유하기도 하며 빠르게 고수익을 기대하는 분야에서 버핏은 정반대로 접근해서 성공을 얻었다. 시작할 때 탁월한 선택을 하고 그뒤에는 시간에 맡긴 것이다.

사람들은 성과를 빨리 얻기 위해 온갖 방법과 기술을 동원한다. 하지만 농부가 아무리 서두른다고 열매는 빨리 익지 않는다. 고대 로마의 철학자인 에픽테토스는 이렇게 말했다.

"위대한 것은 단시간에 이뤄지지 않는다. 그것이 포도나 무화과 열매라 할지라도. 내게 지금 무화과를 달라고 하면 시간이 걸린다고 대답할 수밖에 없다. 먼저 꽃이 피고 열매를 맺은 다음 익어야 하니까."

그리고 다음과 같이 말을 맺는다.

"무화과나무의 열매조차 단시간에 익을 수 없는데, 인생의 열매를 빠른 시일 내에 손쉽게 얻는 것이 가능하겠는가?"

사람들은 성공의 비결을 얘기할 때 재능과 능력, 지능이라는 문제를 중시하고 시간의 역할을 간과한다. '시간의 경과'가 우리를 강인하게 하기보다는 나약하게 만드는 것처럼 보이기 때문이다. 하지만 우리는 지금까지 머릿속에 잘못된 그림과 이야기를 넣어두었던 것일지도 모른다. 시간과 싸우는 그림 대신, 가꾸고 일구는 그림을 새롭게 그려 넣어야 하지 않을까?

그레이트 베이슨 브리슬콘 소나무는 지구상에서 가장 오래 산 나무다. 캘리포니아 인요국립공원의 높은 산등성이에서 주로 자라는데, 수령이 4천 년이 넘는 것들도 있다. 브리슬콘 소나무들은 연중 내내 영하의 기온으로 떨어지는 해발 3천 미터에서 자란다. 주위의 '토양'이라고 해봤자 양분이 거의 없는 석회암층이고 강우량도 매우 적다. 주변에 초목과 지표식물이 드물어 화재로 인한 피해가 없으며, 매우 조밀하고 수지가 높은 나무 덕분에 곤충, 박테리아 등의 공격으로부터 안전하다.

하지만 이렇게 효과적으로 적응하며 사는 대신 성장은 매우 느리다. 브리슬콘 소나무가 실제로 꽃을 피우고 새로운 솔잎을 맺는 기간은 1년에 고작 6주밖에 되지 않는다. 이 소나무가 자라는 방식은 오래된 죽은 가지에서 새순을 내는 것이다. 그렇게 자란 모습이 그렇게 매력적이지는 않지만 특수한 환경에서 더디고 조심스럽게 성장함으로써 결국 최장수 나무라는 타이틀을 거머쥐었다. 그러니 묘목처럼 보이는 나무라도 실제로는 한 세기 넘게 살았을 수 있고, 어쩌면 왕조와 문명이 오고 가는 것도 지켜봤을 수 있다. 브리슬콘 소나무의 사촌뻘 되는 자이언트 세쿼이아는 브리슬콘 소나무보다 다섯 배쯤 높이 자랄 수 있다. 하지만 세쿼이아가 생명을 다할 때쯤 브리슬콘 소나무는 비로소 가지를 뻗기 시작한다.

멕시코의 치와와 남서부에 사는 인디오 부족 라라무리는 장거리 달리기로 유명하다. 이들은 맨발로 단번에 200마일(약 320킬로미터)을 달리는데도 심박수와 혈압이 걸을 때와 비슷하다. 이에 놀란 멕시코 올림픽위원회에서는 마라톤에서 최고 기록을 세울 수 있을 것으로 보고 라라무리족 두 명을 1928년 암스테르담 올림픽에 출전시켰다. 하지만 라라무리 선수들은 우승은커녕 각각 32위와 35위에 그쳤다.

대체 무슨 일이 일어난 걸까? 게다가 그들은 결승선을 통과하고도 멈추지 않고 계속 달렸다. 관계자들이 겨우 그들을 따라잡았을 때 그들은 이렇게 말했다.

"너무 짧아요! 너무 짧아!"

심리학자 밀턴 에릭슨은 "그들은 40킬로미터를 뛰고 나서야 몸 좀 풀었다고 생각했던 거죠!"라고 말하며 환자들에게 이 일화를 자주 들려주었다. 밀턴 에릭슨의 전기 작가 시드니 로젠에 의하면 그는 프로젝트를 시작할 수 없을 때, 어려움으로 좌절했을 때 또는 한창 달려 숨이 막힐 때마다 '이제 겨우 준비운동을 했을 뿐'이라는 말을 생각하면 자신에게 시간을 투자하는 것만으로도 에너지가 생겨나곤 했다고 한다.

어쩌면 당신은 지금까지 열심히 달려와서 이제는 지쳤다고 느낄지도 모른다. 이 책은 그런 당신에게 한숨을 돌리라고 말할 것이다. 지금까지 해온 일들이 그저 준비 운동에 불과함을 깨달으라고도. 혹시 '인생은 짧다'거나 '인생은 승자가 거의 없는 단거리 경주다'라는 말을 많이 듣지 않았는가? 하지만 40킬로미터를 뛰고 나서야 속도를 내는 라라무리들이나 다른 나무들이 생명을 다한 뒤에야 뻗어나가기 시작하는 브리슬콘 소나무를 떠올려 보자.

언뜻 보면 오랜 시간 아무 일도 일어나지 않는 것처럼 보이는 것이 성공의 본질이다. 이때 우리는 실망하며 재료를 잘못 골랐거나 조리법이 잘못되었다고 생각한다. 하지만 때로 가치 있는 것들은 우리가 알아차릴 수 없을 정도로 느릿느릿 다가오기도 한다. 식물이 자라는 것을 생각해 보자. 우리 눈으로 느끼지 못하지만 다 자라고 나야 식물이 어느새 자란 것을 알 수 있다.

사람들은 매주 또는 매월 일이 얼마나 진척되었는지를 확인하곤 한다. 하지만 어떤 일의 결과는 이보다 훨씬 오랜 시간이 걸리게 마련이다. 이탈리아의 속담에 이런 말이 있다.

Che va piano, va longano, e va lontano(느리게 가는 사람이 더 오래, 멀리 간다).

이 말이 "천천히 가는 사람은 무조건 잘된다"는 뜻은 아니지만 천천히 가는 사람은 그럴 확률이 높다. 안타깝게도 워낙 천천히 진행돼서 미처 알아채지 못하고 지레 포기하는 사람들이 많다. 그러나 이 책에서 보여주고자 하는 것은 끝났다고 생각할 때가 사실은 이제 막 발돋움하기 시작한 때라는 것이다.

우리는 누구나 무엇인가를 이룰 수 있는 기반을 갖추고 있다. 지금은 각자 원하는 모습이 아니더라도 시간이 지난 뒤에 보면 성공의 기반이었음을 알게 될 것이다. 지금 처해 있는 자신의 배경과 경험을 장기적으로 어떻게 활용할 수 있을지 스스로 끊임없이 물어야 한다. 현대인들은 자신에게만 가치를 두고 있지만, 자기 자신이 최고라고만 생각한다면 우리의 삶은 매우 제한적일 수밖에 없다. 우리 자신을 넘어 많은 이들에게 혜택을 줄 수 있도록 정신을 고양시킨다면 자기 잠재력을 깨닫게 될 확률도 더욱 높아진다.

아르투어 쇼펜하우어는 77세 때 자신의 위대한 저서《의지와 표상으로서의 세계Die Welt als Wille und Vorstellung》의 개정판을 내면서 서문에 다음과 같은 라틴 문구를 인용했다.

Si quis total die currens, pervenit ad vesperam, satis

est(온종일을 헤매었어도 저녁 무렵 도착한다면 그것으로 충분하리).

이 문구와 함께 쇼펜하우어는 늦은 나이의 작품 활동을 설명해 주는 또 하나의 오랜 금언을 떠올렸다.

"시작이 늦을수록 영향력은 더욱 오래 지속된다."

우리 모두는 행운을 얻을 자격이 충분하지만 우주의 섭리는 쉽게 지름길을 내주지 않는다. 이런 사실을 인정하는 것만으로도 비로소 어떤 성과의 길에 올랐다고 할 수 있다. 통찰력과 창의성, 노력에서 비롯된 진정한 성과를 고려해 봤을 때 성공하는 유일한 방법은 늦게 이루는 것이다. 물이 한 방울 두 방울 떨어지는 수도꼭지 아래에 양동이를 놓아 보자. 워낙 물방울이 드문드문 떨어지기 때문에 굳이 수도꼭지를 꽉 잠글 생각을 하지 않고 그대로 자러 간다. 하지만 이튿날 아침, 눈앞에는 놀라운 광경이 펼쳐져 있다. 양동이에 물이 가득 찬 것이다! 작은 물방울이 어떻게 이런 일을 해냈을까? 이유는 단 한 가지, 충분한 시간이다.

리처드 코치는 자기계발과 비즈니스 분야에서 시간을 진지하게 고려한 몇 안 되는 사람 중 한 명이다. 그는 이렇게 말한다.

"사람들은 시간을 삶과 동떨어진 것으로 보면서 짧고 제한적이며, 때로는 싸워서 얻어내야 하는 것이라는 생각을 한다. 그러나 시간은 우리 삶과 경험의 한 차원이다. 우리가 무엇을 하는지와 우리가 누구인지에 있어 필수적인 부분이다."

아인슈타인의 상대성 이론은 시간과 공간이 서로 독립적으로 존재한다는 기존의 견해를 완벽히 뒤집었다. 현재 비즈니스와 사회가 꾸려지는 방식은 공간과는 분리된 시간에 바탕을 두고 있다. 우리가 어떤 일을 한다고 했을 때 그 일을 하는 데 시간이 얼마나 걸리냐는 식이다. 그러나 아인슈타인과 마찬가지로 리처드 코치는 시간을 생산품이나 서비스의 일부로 봐야 한다고 주장한다.

진정한 성공은 '충분한 시간', 즉 깊은 생각을 거친 뒤에 얻는 것이다. 예를 들어 1시간 만에 읽을 수 있는 걸작이 쓰는 데는 7년이 걸렸다거나 고작 3분이면 먹을 수 있는 라면을 만드는 데는 10년이 걸렸다거나 하는 식이다. 이처럼 빠르고 쉽게 할 수 있는 일이 다른 이에게 큰 가치가 될 수도 있다. 무언가를 잘하는 '비결'은 수년에 걸친 연습과 정련, 사랑, 숙고와 기술의 산물이다.

시간을 어떻게 썼느냐에 따라 삶이 달라진다는 말은 식상하게 들릴지도 모르겠다. 그러나 이 말을 곧이곧대로 받아들이면 시간에 쫓겨 끊임없이 싸우는 사람들보다 뭔가를 이룰 확률이 높다는 의미다. 우리의 삶을 수십 년 단위로 생각하는 것만으로도 우리가 세상에 내놓는 것이 무엇이든지 간에 상당한 투자를 했다는 의미가 된다. 몇 해를 두고 이룬 것이라면 시간에 쫓겨 서둘러 내놓는 것보다 당연히 가치가 높지 않겠는가.

먼 옛날 아리스토텔레스 때부터 철학자들은 '좋은 삶'을 정의하기 위해 노력해 왔다. 오늘날 현대인들은 늘어난 수명과 풍부한 자원 덕분에 누구나 '좋은 삶'을 기대한다. 이는 그렇게 비현실적인 이야기가 아니다. 앞으로 이 책에서는 적절한 시간 프레임을 받아들인다면 아무리 어려워 보이는 계획이라도 얼마든지 달성할 수 있음을 보여줄 것이다.

시간을 좀 더 길게 보면 삶의 굵직한 일을 과감히 시작할 수 있다. 색다른 커리어를 쌓거나 사업을 새로 꾸리거나 사회단체에서 큰 모험을 하거나 상관없다. 어떤 일이라도 중요한 것은 그 일을 완료할 때까지 걸리는 시간을 온전히 이해하는 것이다.

지금까지 이룬 것이 만족스럽지 않을지도 모르지만, 이 책은 그런 당신에게 시간과 경주를 벌일 필요는 없다고 말할 것이다. 모든 것은 때가 되면 이루어지기 마련이다. 최고의 기회는 아직 당신 앞에 나타나지 않았다. 현재까지의 삶에서 무엇을 해왔든 간에, 여전히 기회는 저 앞에서 당신을 기다리고 있다.

CHAPTER

NEVER TOO LATE TO BE GREAT

2

인생은 결코
짧지 않다

불과 1세기 전만 해도 미국에서 태어난 남성의 평균 수명은 46세였고, 여성의 수명도 기껏해야 48세였다. 1950년 무렵부터 영양 섭취가 좋아지고 의학 기술이 발달한 덕분에 미국인 남성은 65세, 여성은 71세까지 기대수명이 올랐다. 2000년경에는 이 수치가 남성 74세, 여성은 거의 80세까지 도달했다.

영국의 추이도 비슷하다. 1800년 영국인의 평균 수명은 40세였지만 오늘날은 80세다. 로마 시대와 1800년 사이 인간의 수명에 큰 차이가 없었다는 점을 고려하면 상당히 놀라운 일이다. 19세기 초반에 수명이 갑자기 늘어난 이유는 바로 대규모 상하수도 시스템이 개선되었기 때문이다. 또한 1800년대 말 최초의 백신이 상용화되면서 사람들은 천연두를 비롯한 여러 가지 치명적인 질병으로부터 안전해졌고, 제2차 세계대전 이후에는 페니실린 같은 항생제들이 다시 한번 수백만의 목숨을 살렸다.

100년 남짓 동안 선진국의 기대수명은 놀랍게도 40퍼센트나 증가했고, 지금도 10년마다 최소 2년씩 증가하는 추세다.

늘어난 수명을 누려라

지금 세대에도 모두가 장수를 누리는 것은 아니다. 그러나 현대를 살아가는 우리에게 삶은 17세기 정치학자 토머스 홉스의 유명한 표현대로 "외롭고, 궁핍하고, 초라하고, 잔인하고, 짧은" 것과는 거리가 멀다. 그때와 비교해 우리는 시간이 넘쳐나고 있다.

수많은 사람들이 90대에도 매우 활동적이고 독립적인 삶을 살고 있다. 100살까지 사는 사람들도 종종 볼 수 있다. 카르 크리스텐센과 같은 덴마크 연구가들은 기대수명이 늘어난다고 해서 그저 무력하게만 사는 것은 아니라고 말한다. 단순히 더 오래 사는 것만이 아니라 노화를 잘 관리하게 되면서 우리에게 주어진 여분의 시간을 충분히 즐기며 비교적 자유롭게 살게 된 것이다.

전문가들은 부유한 국가에서 주로 발병하는 비만과 당뇨 같은 질병 때문에 평균 수명이 이제는 급격하게 늘어나지 않을 것이라고 한다. 옥스퍼드대학교의 생화학자 린 콕스 박사는 수명 증가가 늦춰질 것이라고 예측했다. 하지만 이는 "비만인 10대들이 30대에 생활방식을 바꿔 건강해진다면 달라질 수 있다"고 했다. 영국의 노화와 건강 재단Institute for Ageing and Health의 책임자인 톰 커크우드 교수는 1970년대와 1980년대를 거치면서 내놓은 UN의 주장에 주목했다. UN은 의약품이 조기 사망을 늦출 수 있는 단계를 지났으며, 수명은 '자연적인' 한계에 다다랐다고 했던 것이다. 또한 이렇게 덧붙였다.

> "그러나 수명은 여전히 늘고 있으며, 멈출 기미는 좀처럼 보이지 않는다. ……평균 수명이 80세에서 90세로 10년은 더 늘어날 것으로 보인다. 물론 이번 세기에 그 이상은 아니다. 우리가 있는 곳은 아직도 무궁무진한 세계다."

말 그대로 미지의 영역이다. 일반적으로 부유한 국가에서 수명 증가 속도가 늦춰질 것이라는 예측은 교육과 사회적 영향력, 개개인의 동기와 의지라는 중요한 변수를 거의 고려하지 않은 것이다. 100년이라는 기간 동안 기대수명이 40퍼센트나 늘어날 거라고 예상한 사람은 아무도 없었다. 도시 내 상하수도 체계가 개선됨으로써 수많은 목숨을 구한 것은 사실이다. 그런데 많은 사람들의 목숨을 구하고 수명을 늘린 페니실린처럼 획기적인 의약품이 또 만들어질 수도 있지 않겠는가. 건강에 관한 사회적 분위기를 예측하기는 더더욱 어렵다. 예를 들어 1970년대 조깅이나 에어로빅, 웨이트 트레이닝이 유행했을 때 요즘 같은 개인적인 피트니스 열풍으로 이어질 것을 예상한 사람은 거의 없었다. 마라톤이나 보디빌딩, 사이클링과 같이 한때는 전문 스포츠맨만 하던 고난도 운동이 현대인들 사이에 일상적인 모습이 되리라고 예상한 사람도 거의 없었다. 그러니 앞으로 50년 뒤에 개개인이 얼마나 전문적인 수준으로 건강에 신경을 쓸지 누가 알겠는가.

게다가 부유한 나라에서 10년 단위로 기대수명이 2년씩 늘어날 것이라는 예측은 어쩌면 다소 보수적인 수치일 수 있다. 그 수치는 현재의 과학 수준에 근거하고 있을 뿐이며, 앞으로 운동과 좋은 식습관이 훨씬 유행할지도 모른다. 또한 의학 기술이 지난 40년 동안 급격하게 발전해 왔다는 사실을 생각해 보자. 기술적 발견의 가속도를 감안하면 1900년에서 1950년 사이에 우리가 경험한 기대수명의 증가는 소소한 것에 불과할 수도 있다.

이러한 장수 혁명은 새로이 다가올 과학 기술과 깊은 관련이 있다. 수명을 연장해 주는 의약품의 등장은 우리의 삶을 사뭇 달라지게 할 것이다. 줄기세포에서 새로운 조직과 장기, 뼈를 상업적으로 생산하려는 경쟁은 이미 시작되었다. 일부 과학자들과 미래학자들은 앞으로 25년 뒤에는 이런 의학적 발전 덕분에 지금보다 50년을 더 건강한 상태로 살 수 있을 것으로 예측한다.

물론 개인적, 사회적, 경제적 도전이 있어야겠지만 어떤 일이 가능해질지 상상해 보자. 어떤 직업을 추가로 가질 수 있을지, 얼마나 많은 기술을 완벽하게 익힐 수 있을지, 얼마나 많은 곳을 여행할 수 있을지.

현재의 과학 수준에 근거해서 기대수명이 점진적으로 증가한다고 가정하더라도 우리는 지금 생각하는 것보다 오래 살게 될 것이다. 자신의 노후를 늘 65세에 은퇴해서 취미 생활을 하다가 서서히 나이 들어가리라 생각하고 있었다면 지금쯤 큰 충격을 받았을 수 있다. 미래가 아니라 현재의 사망률로 생각해 봐도 당신에게는 생산 연령의 3분의 1이 오롯이 남아 있을 수도 있다.

신체 기준으로 보았을 때, 오늘날 평균적인 40세는 100~200년 전의 40세에 비해 놀랄 정도로 젊어 보인다. 만약 담배와 술을 자제하고 1주일에 두어 번 운동하는 사람이라면, 특히 기대수명이 75세를 넘어선 국가에서 사는 경우라면 90대까지 활력 있는 삶을 살 가능성이 높다.

길어진 수명은 또 다른 흥미로운 효과를 낳는다. 돈보다 건강의 가치를 높게 평가하는 것이다. 돈은 많이 벌었지만 45세에 죽는 사람과 그럭저럭 벌었지만 85세까지 사는 사람 중 어느 쪽을 택하겠는가? 이상하게 여겨질지도 모르겠지만 사회 전체적으로 더 오래 살게 되면 장수 프리미엄은 더욱 커진다. 누구라도 부자가 될 수 있지만 아무나 길고 건강한 생산 연령을 누릴 수 있는 것은 아니다. 그럼에도 우리는 대부분 긴 세월을 살게 될 것이며, 우리도 모르는 사이 새로운 '시간 부유층'의 대열에 자연스럽게 합류하게 될 것이다.

나이는 스스로가 느끼는 만큼만 먹는다

지금까지 한 얘기가 그저 뜬구름 같다면, 생각을 바꾸어 조지아대학교 심리학 교수인 데이비드 J. 슈워츠가 고안한 한 가지 계산법을 따라 해보자. 슈워츠는《크게 생각할수록 크게 이룬다The Magic of Thinking Big》에서 많은 사람들이 '나이 핑계병'으로 고통을 받는다고 지적했다. 전적으로 마음에 기인한 이 병으로 우리가 삶에서 무언가를 이룰 수 있는 능력에 악영향을 미친다는 것이다.

강의를 듣는 수강생들이 40세가 다른 위치나 직업을 가지기에 너무 늙었다고 불평하면 슈워츠는 "나이는 스스로가 느끼는 만큼만 먹는 겁니다"라고 격려의 말을 했다. 하지만 이런 말은 아무 효과도 없었다. 그러다 우연히 생산적인 수명과 연계해 현재의 나이를 계산하는 방식을 생각해 냈다. 자신의 경우에 비추어 이 계산법을 적용하자 많은 사람들이 놀라곤 했다. 슈워츠는 24년을 주식 중개인으로 일한 뒤 대학교수가 되겠다고 마음먹은 한 동료를 예로 들었다. 그는 51세 때 주변의 온갖 반대를 무릅쓰고 대학교에 입학했는데, 몇 년 뒤 한 인문학 대학의 경제학부를 책임지게 되었다. 그에게는 아직 20년의 생산 연령이 남아 있었으며, 새로운 커리어가 자신을 더 젊게 느끼고 행동하도록 해준 것이다. '너무 나이가 많지 않을까' 하는 생각과 주변의 반대를 넘어서야 했지만 '나이 핑계병'을 이겨내고 삶의 새로운 장을 열었다.

삶은 당신의 생각보다 훨씬 길다

슈워츠는 수강생들에게 평균적인 사람의 생산 수명을 이야기해 보라는 질문으로 강의를 시작하곤 했다.

대부분의 사람들이 20세 전후에 일을 시작한다고 가정해 보자. 생산 연령은 얼마나 오래 지속될까? 슈워츠가 1959년 그 책을 기술했을 당시의 기대수명은 지금보다 훨씬 낮았음에도 그는 평균적인 생산 연령을 70세까지로 잡았다. 현재는 10년마다 대략 2년씩 기대수명이 올라간 것을 감안해서 80세까지 생산적인 삶을 살 수 있다고 가정해 보자. 물론 그 이후에도 10~20년을 생산적인 삶을 누리기도 하지만 일단 80세로 설정하자.

그러면 60년이라는 생산 기간이 주어지는 셈이다. 이는 강산이 변한다는 10년을 여섯 번이나 겪는 것이다. 당신은 지금 몇 살인가? 30세라면 생산적인 수명이 20세에서 80세까지이므로 당신에게는 아직도 50년의 생산 기간이 남아 있다. 이 수치만으로도 충분히 고무적이지만 이것을 퍼센티지로 바꿔보자. 당신에게 남은 50년을 생산 연령의 총계인 60으로 나눈 뒤 100을 곱한다.

$50 \div 60 \times 100 = ?$

결과는 83. 아직 생산적인 시간이 83퍼센트나 남아 있는 셈이다. 이 글을 쓰는 지금 나는 43세다. 같은 방법으로 살펴보면,

$37 \div 60 \times 100 = ?$

결과는 62! 내게는 생산적인 시간이 62퍼센트나 남아 있는

셈이다. 속도에 대해서 걱정하지 말고 평생의 역작을 만들 수 있도록 마음을 편히 가지라고 말해주는 뜻깊은 수치다.

이 계산법은 50세에게도 마찬가지로 놀랍고 고무적이다. 아직도 50퍼센트의 생산적인 삶이 남아 있으니 말이다. '50세면 은퇴하기까지 고작 15년 남았구나. 그러니 일하는 사람으로서의 삶은 이제 거의 끝난 거야'라고 생각하는 일반적인 사고법과는 얼마나 다른가.

역사적으로 부유한 나라의 평균 은퇴 연령인 65세에도 여전히 25퍼센트의 생산적인 시간이 남아 있다는 사실에 주목하자. 나

생산적인 수명 일람표

현재연령	남은 생산 연령(년)	남은 생산 연령(비율)
20	60	100%
25	55	92%
30	50	83%
35	45	75%
40	40	67%
45	35	58%
50	30	50%
55	25	42%
60	20	33%
65	15	25%

이 많은 사람들이 일터에 남는 것도 이상한 일이 아니며 고용주들이 그들을 높이 평가하는 것도 무리가 아니다. 수명의 연장은 많은 사람들이 65세에도 상대적으로 젊다는 의미이기 때문이다.

전체 인생에서 당신은 하고 싶은 여러 가지를 할 수 있는 세월이 숱하게 남아 있다. 많은 사람들이 공식적인 은퇴 연령까지 몇 해가 남았는지 계산해도 그것을 백분율로 환산해 보지는 않는다. 하지만 이렇게 퍼센티지로 바꾸어 보면 슈워츠가 지적한 대로 '삶은 당신이 생각하는 것보다 훨씬 길다'는 것을 깨닫는다.

49세에 새내기 대학생이 되다

슈워츠 계산법을 실제 적용해 보지는 않았지만 워릭 메인-윌슨은 그 진실을 보이는 그대로 이해한 사람이었다.

워릭은 역사학 학위를 받자마자 20대 초에 곧바로 오스트레일리아 외교부에 합류했다. 후에 스리랑카 주재 오스트레일리아 대사로 임명되기까지 했다. 그때의 나이는 고작 42세였다. 오스트레일리아판《후즈 후Who's Who》에 이름을 올리기도 했다. 말하자면 이미 그는 성공한 사람이었다.

하지만 워릭은 여러 면에서 공직이 자신에게 맞지 않다고 생각했다. 그는 일을 즐기기는 했지만 "만족스럽지 못한 부분이 몇 가지 있었고, 가끔 내게 들어맞지 않는다는 느낌이 들었다"고 회상한다. 그는 건축과 식물, 디자인에 관심이 꽤 많았어도 그저 취미로만 만족했다.

그러다 1977년 초, 런던에서 조경 디자인 단기 코스에 등록했지만 이어 로마에서 좋은 조건의 일자리를 제안받았고 스리랑카 대사직까지 맡게 되었다. 이렇게 8년을 더 외교부에서 일하며 공직 생활이 썩 만족스럽지 않았던 워릭은 이제 정말로 자신이 원하는 일을 하고 싶은 마음이 간절해졌다.

결국 워릭은 49세에 4년제 조경건축 학위 과정을 시작했다. 그는 대학 강사들과 나이가 비슷하거나 오히려 더 많았지만 동료 학생들과 친해지기는 어렵지 않았다. 딸들과 비슷한 나이였으니까!

워릭이 새 분야에서 일을 시작한 것은 경기 침체가 막 시작될 무렵이었다. 한 조경건축 회사에 가까스로 들어갔지만 그다지 오래 가지 못했다. 회사의 젊은 직원들이 성숙하고 지식 많은 중년을 본인의 성장에 걸림돌로 여겼던 것이다.

그러다가 유물 보존에 관한 석사학위 과정을 접하게 되면서 돌파구가 찾아왔다. 워릭은 그 과정에 지원해 합격했다. 조경 디자인 학위에 이 자격까지 더해지면서 워릭은 다른 사람들과 차별성을 두게 되었다. 이것으로 워릭은 보존·유물 조경건축가로서 틈새시장을 재빨리 메워나갔다. 그 뒤로 20년 넘는 기간 동안 단단한 명성을 쌓았고, 수많은 프로젝트를 진행하게 되었다.

외교관 동료들은 이미 오래전에 퇴직했지만 73세가 된 뒤에도 워릭은 여전히 자신의 일을 즐기고 있다. 그는 이렇게 말한다.

"커리어를 변화시켜서 저는 65세 이후에도 충분히 활동할 수 있게 되었습니다. 비록 미미하기는 해도 '세상을 더욱 살기 좋은 곳으로 만드는' 건설적인 일을 하면서 말이지요. 지금도 저는 날마다 새로운 영역으로 내딛는 한 걸음을 목표로 삼고 있습니다. 63~65세에 일을 그만두고 은퇴 생활에 적응하려고 애쓰는 동료들을 숱하게 보았지요. 이들은 아직도 바쁘게 다니는 저를 하나같이 다 부러워했습니다."

워릭이 커리어를 바꾸기까지 금전적인 어려움은 없었을까? 40대 후반쯤 두 딸은 집을 떠나 더 이상 그에게 의지하지 않는 상태였다. 더군다나 4년제 과정을 시작할 당시 워릭은 단지 휴직한 상태였기 때문에 약간의 수당을 받을 수 있었다. 그리고 마침내 일종의 보험과도 같았던 공직 생활을 마치기로 결심하고 50대 초반에는 공식적으로 사임했다.

워릭의 경우는 아래에 푹신한 쿠션을 깔아놓았으며 가족들의 반대를 무릅쓰지 않을 만큼 운이 좋지 않았냐고 이견을 제시할 수 있다. 물론 터무니없을 정도로 무모하게 커리어 변화를 시도한 것은 아니었다. 사실 무척이나 조심스러웠다. 그래도 한 가지 커리어에서 성공을 거두었으니 다른 일에서도 그럴 수 있다는 확신을 가졌다. 게다가 오히려 이 조심성 덕분에 그를 훌륭한 사례로 꼽을 수 있다.

많은 사람들이 지나치게 걱정한 나머지 결코 커리어를 바꾸지 못한다. 그러나 워릭의 예에서 보듯이 리스크를 최소화하면서 시작하면 가능하다. 하루아침에 기존에 갖고 있던 직업을 그만두고 완전히 새로운 커리어를 시작하는 것은 현명하지 않다. 실제로 예전의 생활에서 완전히 벗어나 새로운 분야로 나아가는 동안 이행기를 갖게 되면 심리적으로도 금전적으로도 더욱 잘 진행될 수 있다.

나 또한 이러한 경험을 했는데, 나는 엄청난 혜택과 안정성이 보장된 정부 정책 고문으로 일하면서 워릭과 별반 다르지 않은 굳건한 커리어를 쌓아가고 있었다. 그러나 진정한 내 모습과는 거리가 있다고 생각했다. 그러면서 개인적 발전이라는 분야를 발견했고, 이것이야말로 내가 열정을 기울여 하고 싶은 일이라는 것을 깨달았다. 그러나 워릭과 마찬가지로 실현하기까지 상당한 리드 타임 Lead time(준비하고 실행에 옮기기까지의 시간)을 가졌다. 나는 정부에서 맡은 직책을 위해 런던에서 석사학위 과정을 무사히 끝냈지만, 오스트레일리아로 돌아온 뒤에는 2년 넘게 파트타임으로 일했다. 개인적 발전에 관한 숱한 저서를 연구할 시간이 필요했기 때문이었다. 첫 번째 책을 쓰는 동안에는 '계약직'으로 일했다. 워릭이 그랬듯 나 역시 수입이나 직업 안정성이 떨어지는 점에 대해서는 그다지 개의치 않았다. 몇 년 전 졸업생 신입사원으로 채용된 내게 형은 이제 내 삶이 '탄탄대로'일 거라고 얘기했지만 그곳에 계속 머물렀더라면 내가 느낀 회의감은 얼마나 컸겠는가. 커리어의 사다리를 차근차근 밟고 올라가는 것이 남 보기에 버젓한 성공일지 몰라도 속으로는 더 의미 있는 삶을 찾아 하염없이 헤매고 있었을 테니까. 게다가 역설적이게도 이 '불안정한' 길은 더 많은 수입을 가져다주었다. 예전 생활보다 훨씬 더 높은 수익을 낳을 잠재력이 있었던 것이다.

이제 워릭은 지금 하는 일이 더 이상 재미가 없거나 만족스럽지 않다면 자신의 꿈을 따르라고 충고한다.

"커리어를 바꾸는 중요한 일을 하기에 너무 늦은 것은 아닐까 하고 주저하거나 고민한 기억은 없습니다. 그저 열정을 다할 수 있는 일을 선택했고, 그걸 할 에너지와 열의가 있던 것뿐입니다."

앞서 본 슈워츠 계산법에 따르면 워릭이 49세에 학위 과정을 시작했을 때 생산 연령의 52퍼센트가 남은 상태였다. 그러므로 동료들에게는 섣부른 결정으로 보였던 것이 실은 매우 이성적이고 영리한 판단이었던 것이다.

크게 그리고 '길게' 생각하라

"인생은 짧다"라는 말은 10대들을 채찍질하려는 많은 교사와 부모들이 하는 말이다. 또한 백일몽에서 깨어나 움직이라고 스스로를 일깨울 때도 이런 말을 한다. 우리 문화에는 미처 깨닫기도 전에 삶이 끝나버릴 것이라는 생각이 깊이 뿌리 박혀 있다. 그러나 수명은 늘어났고, 이제는 생각을 바꿀 때가 되었다.

"아직 시간이 많이 남아 있다"는 사실을 깨닫고 남는 시간을 충분히 활용해 보자. 뭔가 의미 있는 일을 하려는 지금 이 순간에 핑계 따위는 필요 없다.

데이비드 슈워츠는 "크게 생각하는 것이 성취의 비밀"이라며 '크게' 생각하는 것에 대한 칭찬을 아끼지 않았다. 반세기가 흘러 평균 5년을 넘게 더 살게 된 지금 그 책을 썼다면 생산적인 수명 계산법을 더욱 강조했을 것이다. 오늘날 성공의 공식은 크게 그리고 '길게' 생각해야 하는 것이므로.

CHAPTER

NEVER TOO LATE TO BE GREAT

삶을 멀리 내다보라

1970년, 하버드의 정치학자 에드워드 밴필드는 《천국 같지 않은 도시The Unheavenly City》를 펴냈다. 겉으로는 사회적 격변기의 미국 여러 도시에서 이루어진 도시개발 계획과 그 실패를 다루었지만, 밴필드는 내심 다른 것을 목표로 삼았다. 어떤 사람들은 수세대를 지나도 그닥 변하지 않은 상황에 매몰되어 있지만 일부 사람들은 빈곤의 굴레에서 벗어나 성공을 거두는데, 그 원인이 무엇인지 밝히고자 했다.

　놀랍게도 이 학술서적은 많은 사람들이 "희생자, 특히 할렘가 흑인 하층민들을 비난하려 한다"고 밴필드를 비판하고 나서면서 큰 반향을 일으켰다.

　밴필드는 이 책에서 어떤 사람들은 빈곤에서 탈출하지만 왜 다른 사람들은 그러지 못하는가를 설명했는데, 상당히 균형적인 시각으로 지능과 교육, 가정 환경을 포함한 광범위한 요소를 관찰했다. 또한 빈곤에서 탈출하지 못하는 이유가 이것뿐만은 아니라는 결론을 내렸다.

밴필드는 그 이유가 장기적인 전망long time perspective 때문이라는 아주 놀라운 해석을 내놓았다. '하위 계층'에 속한 사람들은 지극히 '현재를 지향하는 성향' 때문에 그 자리에 있게 되었다는 설명이었다. 미래를 내다보고 이를 준비하려 하지 않았기 때문에 기술 부족과 낮은 취업률, 저임금 그리고 앞날에 대한 무능함을 초래했다는 것이다. 반대로 상위 계층으로 올라갈수록 구성원들은 더욱 미래 지향적인 모습을 띠었고, 미래의 목표에 도움이 된다면 현재의 만족을 유예하는 경향도 커졌다. 부유층과 빈곤층을 구분 짓는 것은 바로 시간에 대한 이해였다. '계층'은 단순히 물질적인 부나 교육, 사회적 지위와 관련되지 않고 한 세대에서 다음 세대로 이어지는 시간에 대한 태도나 가치 부여와 관련한다는 것이다.

밴필드를 비판하는 사람들은 하층민들이 인종적, 사회적 편견 탓에 그곳에서 벗어날 수 없어 그런 환경에 처하게 되었다고 말한다. 모퉁이를 돌 때마다 떠밀리는 삶을 살다 보니 한순간 한순간을 연명해 나갈 수밖에 없었다는 이야기다. 이런 상황에서 미래에 대해 무지갯빛 전망을 한들 어쩌겠는가. 밴필드도 빈곤을 벗어나기 어렵다는 사실을 부정하지는 않았다. 하지만 하층에 속해 있다 해도 얼마든지 박차고 일어서서 중산층에 편입할 수 있다고 주장했다. 날마다 내리는 결정에 미래를 반영하기 시작하면 된다는 것이다. 시간의 지평이 열리면서 일상적인 삶을 결정하는 방식에 근본적인 변화를 불러올 수 있다고 말이다. 예를 들어 자녀의 미래 교육을 위해 저축을 하기로 한 부부가 있다면, 두 사람에게는 그 결심이 시간을 어떻게 쓸지에 대한 선택과 생활 습관을 결정짓는 기준이 된다. 여러 세대에 걸친 장기적인 시간의 지평은 자신의 운명을 개척할 수 있다는 자신감을 불러일으킨다. 밴필드는 이를 '상류층'의 뚜렷한 특징이라고 언급했다.

밴필드의 책이 특정 시기에 쓰인 것이지만 한 가지 보편적인 사실을 찾을 수 있다. 바로 시간에 대한 인식이 성공적인 삶에 매우 중요한 역할을 한다는 점이다. 만약 현재의 선택이 장기적으로 성공적인 미래로 이끌어주지 못하겠다는 판단이 서면 당신은 선택을 바꿀 것이다. 대학으로 돌아가거나 새로운 커리어를 쌓기 위한 훈련을 받을 수 있고, 예금계좌를 만드는 것이 시간 낭비가 아니라는 판단을 내릴 수도 있다. 따분한 일자리를 떠나 기꺼이 위태로운 일에 뛰어들 수 있다. 그리고 이 일이 장기적인 관점에서 보면 진정한 만족이나 물질적인 보상을 줄 수도 있다. 요약하자면 장기적인 의미에서 성공은 당신이 어떻게 시간을 보내는지와 밀접한 관련이 있다.

젊은 처칠을 이긴 나이 든 처칠

영국의 한 금속제조회사를 심층 연구하던 캐나다 심리학자 엘리엇 자크는 한 직원에게서 사무직 간부들은 월 급여를 받는데 하급 노동자들은 왜 시급을 받느냐는 질문을 받았다. 그는 훗날 이 질문이 "그때까지 받은 것 중에서 가장 큰 선물"이었다고 했다. 그 질문 덕분에 한 가지 위계이론을 제창할 수 있었기 때문이다. 어떤 업무를 수행하리라고 기대되는 시간 프레임에 따라 급여를 받는다는 사실에 기초한 이론이다. 예를 들면 주별 혹은 월별 목표를 채워야 하는 영업사원은 1~2년 목표에 초점을 맞춘 부서장에 견주어 적은 급여를 받으며, 10~20년의 미래를 내다보고 방향을 제시해야 하는 회사의 대표는 더욱 많은 급여를 받는다는 것이다.

'평면화 조직'에 대한 열기가 뜨거웠던 1980년대와 1990년대에 이런 자크의 연구는 시대의 조류에 반하는 내용이었다. 그의 주장은 "사람들을 지금 있는 자리에 그대로 묶어두고" 싶어 한다는 비난을 받았다. 그러나 그는 한 사람의 노동 지평은 경력을 쌓는 동안 달라질 수 있다고 조심스럽게 덧붙였다. 더 멀리 내다보고 자신의 일을 집단의 장기적 목표와 맞게 조정함으로써 동료들보다 앞서 나아가 임원이 될 수도 있다는 얘기였다. 자크에게 있어서 앞을 내다보는 이런 능력은 일에서의 성공을 이해하는 데 필요한 '잃어버린 연결 고리'였다.

제프 베조스는 허름한 환경에서 성장하지 않았다. 사실 그는 중상위층 출신에 가까웠다. 그러나 세계에서 가장 큰 온라인 소매업체인 아마존의 창시자인 그는 커리어에 대한 충고를 해달라는 요청에 밴필드나 자크와 유사한 이야기를 했다. 바로 '동료들과는 다른 시간관념을 가지라는 것'이었다.

"항상 장기적인 안목을 가져야 합니다. 상당한 논란이 있을 문제일 수도 있죠. 많은 사람들이 현재를 위해 살아야 한다고 믿지만 당신이 할 일은 저 멀찍이 떨어진 앞을 내다보고 언젠가 자신이 만족할 방식으로 차근차근 준비하는 것입니다."

1990년대 베조스는 뉴욕 월스트리트에서 좋은 일자리를 갖고 있었지만 갓 탄생한 온라인 세상에 매력을 느꼈다. 인터넷에서 책을 팔기 위해 직장을 그만두겠다고 하자 그의 상사는 함께 센트럴파크를 산책하며 두 시간 동안 그를 설득했다. 베조스는 마지막 결단을 내리기 전까지 이틀만 더 생각해 보겠다고 대답했다.

이 같은 인생의 결정적인 선택은 어떻게 내려야 할까? 특유의 별나고 수학적인 방식으로, 베조스는 자신에게 적절한 해답을 줄 의사결정 틀을 찾아 주위를 둘러보기 시작했다. 그가 떠올린 것은 자신을 80세로 설정하고 지나온 삶을 돌아보는 '후회 최소화 프레임워크Regret Minimization Framework'였다. 설령 실패하더라도, 80세가 되었을 때 안정된 일자리를 떠나 온라인 비즈니스에 뛰어든 것을 후회할까? 대답은 분명하게 '아니요'였다. 자신이 뛰어난 능력을 발휘할 수 있으리라고 믿는 인터넷 세상에 왜 뛰어들지 않았는지를 후회하면 후회했지 온라인 비즈니스를 시작한 것을 후회할 리 없었다. 베조스는 이렇게 회상했다.

"제가 월스트리트의 회사를 떠난 것은 1년의 중반쯤이었습니다. 그때 그만두면 연간 보너스를 받을 수 없었기에 단기적으로는 망설일 이유가 될 문제였죠. 하지만 장기적으로 볼 때만이 훗날 후회하지 않을 선택을 내릴 수 있는 법입니다."

이 같은 의사결정 틀을 통해 그는 어렵지 않게 결단을 내릴 수 있었다. 베조스가 선택한 후회 최소화 프레임워크를 적용해 보면 지금 당신이 하는 일은 어떻게 되겠는가? 아마 두려움에 따른 결정에서 자신의 흥미나 재능을 최상으로 활용할 수 있을지에 따른 중요한 결단을 내릴 것이다. 진로 상담사인 브렌든 버처드는 삶의 다음 단계에 무엇을 할지 고민하는 사람들에게 세 가지 질문을 하곤 한다. 나는 충분히 만족스러운 삶을 살았는가? 열린 마음으로 다른 이들을 사랑했는가? 스스로 가치 있는 존재라고 느끼는가?

대부분의 사람들이 당장 고려할 만한 질문은 아니더라도 그 질문들은 창의력과 행동의 강력한 원천이 될 수 있다. 장기적 안목 (앞만 보는 것이 아닌 상상 속에서 뒤를 돌아보는 것)의 막강한 이점은 현재에도 상당히 양질의 결정을 내릴 수 있다는 점이다. 스스로 80세가 되었다고 상상하고 되돌아보면 현재의 혼란을 단번에 날려버리는 강력한 맥락을 제공한다.

물론 가능한 한 이른 나이에 성공하고 싶어 조바심을 내는 것은 인간의 본성이다. 따라서 자기 삶과 성과를 폭넓게 장기적으로 내다보는 것은 일종의 도전이기도 하다. 윌리엄 헤이그도 이 같은 과정을 겪어야 했다.

1977년, 16세의 헤이그는 한 보수당 콘퍼런스에서 열정적인 연설을 해 기립박수를 받았다. 이 젊은 보수당원은 확실한 미래의 지도잣감이었다.

학교를 졸업한 뒤 헤이그는 영국에서 정치적 야심가들이 일반적으로 따르는 코스를 그대로 밟았다. 옥스퍼드대학교에서 정치학과 철학, 경제학을 전공하고 보좌관으로 일하게 된 것이다. 헤이그의 움직임은 누구보다도 빨랐다. 28세에는 의회에서 자기 의석을 가졌고, 35세가 되기 전에 존 메이저의 정부에서 장관직을 맡았다. 1997년 메이저가 토니 블레어에게 압도적인 패배를 당하자 헤이그는 당권을 맡게 되었다.

그러나 이번에는 상황이 예상대로 움직이지 않았다. 지도자로서 실언을 하고 부활한 노동당에 무능한 면을 보임으로써 결국 2001년 선거에서 블레어에게 패배하고 말았다. 그해 한 신문사에서 실시한 여론조사에 따르면, 투표자의 3분의 2가 헤이그를 "조금 모자라다"고 생각하고 있었으며, 대다수가 "선거에 이기기 위해서라면 아무 말이나 막 할 사람"이라고 생각했다.

40세의 헤이그에게 기대할 만한 것은 거의 없어 보였지만 한 회사의 중역을 맡고, 피아노를 배우고, 18세기 총리인 윌리엄 피트의 전기를 쓰는 등 계속해서 바쁘게 움직였다. 피트도 그와 마찬가지로 일찍 운이 튼 사람으로, 놀랍게도 20대에 총리가 된 인물이다. 젊은 헤이그라면 피트에게 자신의 모습을 투영해 보았겠지만 이제는 더 이상 그럴 수 없었다.

그러나 오래도록 기다리면 행운의 바람이 풍향을 바꾸어 주게 마련이다. 헤이그는 2005년 보수당의 새로운 지도자가 된 데이비드 캐머런으로부터 외무부 장관 제의를 받았다. 2010년 캐머런의 보수당이 새로운 정부를 구성하자 50세를 앞둔 헤이그도 돌아왔다. 외무부 장관으로서 헤이그는 마침내 자신의 자리를 찾았고, 전반적으로 젊은 내각에서 일종의 '고문'으로 캐머런의 보좌역을 톡톡히 했다. 16세의 열정 넘치는 활동가는 50세 무렵이면 본인이 총리가 되어 있을 거라 기대했을지도 모른다. 폭넓은 세계관과 역사에 대한 인식으로 보아 총리직은 그에게 완벽하게 맞는 자리일 수 있다. 하지만 그에게는 여전히 시간이 많이 있고, 기회가 주어진다면 공화당의 리더로 부상할 가능성도 충분하다.

이른 성공은 양날의 검이다. 한 사람을 '인물'로 만들 수 있지만, 너무도 묵직해서 좀처럼 헤어나기 힘든 기대와 고정관념을 낳기도 한다. 헤이그의 사례는 인정받는 것도 중요하지만 제아무리 전망이 밝다고 해도 결국 우리를 만드는 것은 시간과 경험이라는 사실을 알려준다.

오래전에 영국 정계에는 또 하나의 떠오르는 샛별이 있었다. 윈스턴 처칠은 아프리카에서 보어 전쟁 때 벌인 대담한 행동으로 영국 대중의 주목을 받은 뒤 20대 중반에 의회에 합류했고, 고작 34세 때 내각의 일원이 되었다. 3년 후에는 해군 장관을 맡아 영국 육군과 해군을 증강하는 큰 역할을 해냈다.

그러나 1915년 전시의 영국에서 처칠은 다르다넬스 해협에서 잘못된 작전을 지시했고, 그 결과로 수천 명의 사상자를 내고 말았다. 작전 실패로 40세의 처칠은 낙심에 빠졌다. 몇 달 후 공식 보고서가 나오자 그의 오명은 벗겨졌지만 극히 일부일 뿐이었다. 1917년과 1921년에 두 차례 더 행정부에서 역할을 담당했지만 처칠은 더 이상 촉망받는 정치인은 아니었다. 빠른 성공에 견주면 처칠에게 1920년대와 1930년대는 황폐한 시기였다.

하지만 이 실패는 처칠을 더욱 사려 깊게 만들었다. 당시 처칠은 저술 활동을 하고, 그림을 그리고, 아내와 시간을 보내고, 다양한 도덕적·정책적 이슈에 자신의 입장을 명확히 밝히며 지냈다. 1930년대 말 나치의 위협이 현실화되면서 타협을 모르는 처칠의 견해가 비로소 진가를 발휘하게 되었다. 다른 정치 지도자들에 비해 그는 바위와도 같은 신념을 가지고 있었고, 이미 예순을 넘긴 나이였다. 자부심 넘치는 젊은 처칠이라면 예순이 넘어 그 자리에 오른 것에 기겁했을 테지만 말이다.

40세 때 처칠이 겪은 실패는 60세 때 성공의 기반이 되었지만 물론 당시에는 그렇게 보이지 않았다. 하지만 히틀러와 맞서 싸우고 전제정치에서 유럽을 구할 수 있었던 사람은 패기 넘치는 젊은 처칠이 아니라, 다져진 도덕적 용기와 정책 이해 능력, 동료 정치인들 사이에서의 탄탄한 입지를 갖춘 나이 든 처칠이었다.

헨리 포드가 자동차회사를 설립한 때는 그의 나이 40세이다. 정비사, 투자자 그리고 실패한 비즈니스맨으로 오랜 수습 기간을 거친 뒤였다. 애초에 그는 성과를 일찍 볼 것이라 기대하지 않았다.

"나는 사람들에게 삶에 대한 장기적 안목을 가지면 평정심을
가질 수 있다고 즐겨 말합니다."

'장기적 안목'이라는 관점으로 그는 마음의 안정을 얻어 평생
일에 몰두할 수 있었다.

비지스를 슈퍼스타로 이끈 전설적인 음악 매니저 로버트 스
틱우드는 작곡에 관해 깁 형제에게 이렇게 충고하곤 했다.

"지금부터 40년을 위해 만드는 걸세. 미래를 내다보고."

역설적이게도 미래를 바라보고 곡을 쓴다는 목표, 그가 표현
한 대로 "태어나지도 않은 사람을 위해 곡을 쓰는 것"은 당시의 비
지스를 전 세계적인 스타로 만들어 준 원동력이었다.

장기적 안목을 사고방식의 전략으로 삼는 사람은 많지 않지
만, 그로 인한 이점은 상당하다. 헨리 포드가 언급한 대로 지금 눈
앞에 놓인 일에 집중할 수 있는 평정심을 안겨주는 것이다. 긴 시간
의 지평을 통해 우리가 불가피하게 거쳐야 하는 리드 타임을 설정
할 수 있고, 그 속에 다양한 장애물을 상황에 맞게 배치할 수 있다.
단기적인 목표를 가진 사람보다 트랙 밖으로 밀려날 확률은 현저히
낮아지고, 성공이 단순한 희망 사항이 아닌 필연적으로 다가올 공

산이 커지는 것이다. 그러나 장기적 안목을 가지려면 용기가 필요하다.

1992년,《강진동Strong Motion》을 출간했을 때 조너선 프랜즌은 〈그란타Granta〉와 〈뉴요커The New Yorker〉로부터 "40세 이하의 신진 작가 중 최고"라는 칭송을 받았다. 그러나 일찍이 전도유망하리라는 가능성을 인정받아 풀브라이트 장학금을 받은 다음 해는 신작을 내지 못했다. 그 이듬해에도 마찬가지였다. 그의 초기 인지도를 이용하기에 가장 좋은 해로 보였던 기간 동안 걱정스러우리만큼 아무 소식이 없었다.

그러다 1996년, 프랜즌은 〈하퍼스Harper's〉 잡지에 기고한 에세이로 반향을 일으켰다. 영화가 왕으로 여겨지는 시대에 그의 글 '아마도 꿈을 꾸는 것이리라: 이미지의 시대, 소설을 쓰는 이유Perchance to Dream: In the Age of Images, A Reason to Write Novels'는 현대에 왜 훌륭한 사회 소설이 쓰이지 않는지를 꼬집었다. 정곡을 찌른 지적이었지만 정작 프랜즌 또한 2000년이 밝아오는 시점에도 여전히 출간 계획은 없었다. 대신 콩, 쌀, 값싼 닭다리로 연명하면서 도시의 소음을 막기 위해 귀마개를 한 채로 계속해서 글만 썼다.

2001년, 9·11 테러가 일어나기 얼마 전에 마침내 그의 대작 《인생 수정The Corrections》이 출간되었다. 분열된 가족의 삶을 따라가는 이 소설은 현대인의 삶을 날카로우면서도 풍자적으로 해석해 큰 조명을 받는 데 성공했다. 이 작품은 현대 사회 소설에 대한 자신의 요구에 분명하게 부응했으며 여러 상을 받으면서 엄청난 베스트셀러가 되었다.

프랜즌은 첫 작품이 나오고 이 책을 내기까지 오랜 시간이 걸렸음을 인정하면서도 이렇게 말했다.

"책 쓰는 데 평생이 걸릴지 몰라도, 작품을 마치고 나면 독자를 찾을 수 있으리라고 주위의 모든 것이 증명해 주었습니다."

프랜즌의 전망은 단순하기 그지없었다. 자신의 속도대로 일하면서 소설이 저절로 무르익도록 놔뒀다. 완결성을 지향하는 작가에게는 다른 방법이 없었고, 기다린다고 해서 해로울 것은 없었다.

누구나 빨리 결과를 보기를 원하지만, '빠른 성공' 계획은 종종 진정한 성취에 다다르지 못하게 방해한다. 조급해하는 대신 자신의 커리어에 대해 장기적으로 생각해 보자. 어느 정도 후퇴가 있더라도 이내 훌훌 털고 일어나 눈앞에 있는 기회에 집중할 수 있기 때문에, 장기적인 전망을 가진 사람은 낙담과 절망 속에서 헤맬 필요가 없다. 처칠의 군사 작전 실패와 헤이그의 실언은 커리어의 종말일 것처럼 보였지만, 그것들은 단지 더 큰 목적을 향한 발걸음에 불과했다. 프란젠은 주목을 받지 않는 동안에도 당황하지 않았으며, 당신도 그래야 한다. 계속해서 노력하고 마음 편히 기다리자. 언젠가는 당신의 때가 올 것이다.

장기적 전망, 성공한 사람들의 진실

아무리 규모가 큰 기업이라도 그날그날 닥친 일을 처리하기에 급급한 경우가 적지 않다. 물론 소규모 기업이나 개인의 경우에는 더 말할 나위 없다. 하지만 훌륭한 기업은 다른 기업보다 먼저 앞을 내다보는 습성이 있다. 현재에 집중하면서도 장기적인 안목으로 수십 년을 내다보고 안전하게 투자한다.

조지핀 에스터 멘처는 F. 스콧 피츠제럴드가 《위대한 개츠비 The Great Gatsby》에서 거대한 잿더미라고 묘사한 코로나에서 자랐다. 헝가리와 체코 이민자인 부모는 그녀를 중간 이름인 에스터나 에스티 혹은 에스테이Esty라고 불렀다.

유년 시절 그녀에게 주요 영향을 미친 사람은 지역 백화점을 운영하던 친척 패니와 다양한 로션과 향수를 소량 만들어서 판매하던 화학자 삼촌 존이었다. 미용에 관심이 많던 에스티는 삼촌이 일하는 모습을 지켜보며 그의 페이스 크림이 훌륭하다고 생각했다. 그녀는 집 난로 위에서 직접 크림을 만들기 시작했고, 곧 미용실에 그것을 팔게 되었다.

그녀는 22세에 20대 후반이던 조지프 로더와 결혼했고 3년 후 첫 아이 레너드를 낳았다. 하지만 야망 있고 자유분방한 에스티는 사업에 진척이 없는 남편에게 실망해 결혼을 후회하게 되었다. 레너드가 6살 때, 에스티(이때부터 자신의 이름을 Esty에서 Estée로 쓰기 시작했다)는 조지프와 이혼하고 뉴욕과 마이애미를 오가며 시간을 보내기 시작했다. 그녀는 미용실에서 자신의 제품을 직접 판매하며 마이애미의 한 호텔에 매대를 운영했고, 롱아일랜드와 캐츠킬에 있는 유대인 리조트에서 일했다. 그녀는 얼굴 마사지 시연을 해보였으며, 구매할 때마다 샘플을 증정하는 선구적인 판촉 활동을 벌였다.

그녀의 전기 작가인 리 이스라엘에 따르면 이 시기 그녀는 두 사람과 각별한 관계를 맺었는데, 한 명은 18살 연상의 영국인 사업가 존 마이어스 박사였고 또 한 명은 고급 향수 제조 업계의 큰손 아놀드 반 아메링겐이었다. 그러나 반 아메링겐은 유부남이었고 아내를 떠날 생각이 없었다. 한 친구는 당시 에스티에 대해 이렇게 말한다.

"그녀는 자기가 나서기만 하면 온갖 백만장자를 만날 수 있다고 생각했어요. 하지만 그렇게 잘되지는 않았죠. 게다가 자기가 만나는 부류의 사람들에게 슬슬 질리기도 했고요. 어느 날 그녀는 제게 말했어요. '도대체 내가 무슨 짓을 한 거지? 조지프는 좋은 사람이야. 내가 왜 그 사람과 헤어졌을까?'라고요."

결국 에스티는 조지프와 재결합해 가정을 유지하며 함께 사업을 일구는 편이 낫겠다고 생각했다. 조지프도 그녀를 포기하지 않았고, 1942년 두 사람은 재혼했다. 에스티는 31살, 조지프는 39살이었다. 후에 에스티는 '한쪽 날개로는 날 수 없다'고 말하며 헤어졌던 것을 후회했다.

로더 부부가 재회한 뒤 둘째 아들 로널드가 태어났지만 얼마 지나지 않아 에스티는 자신의 상품을 판매하는 백화점 계산대로 다시 돌아갔다. 그녀의 진정한 꿈은 최고급 백화점에서 자신의 화장품을 파는 것이었다. 1947년, 이제 30대 후반에 들어선 에스티는 회계사의 반대에도 불구하고 조지프와 정식으로 에스티로더주식회사Estée Lauder Inc.를 창립했으며, 마침내 1년 후 최고급 백화점에 입점하는 꿈을 이뤘다. 이어 다른 백화점에도 입점하며 회사는 성장을 거듭했다. 그 후 10년 동안 에스티는 미국 전역의 백화점을 종횡무진하면서 그녀만의 개성과 영업 능력으로 전설을 일구어 나갔다. 그 사이 조지프는 일주일 내내, 때론 아들 레너드의 도움을 받아 말 그대로 손수 재료를 섞고 용기에 넣으며 제품 생산에 몰두했다.

둘은 탄탄한 성장을 이루고 있었지만, 1953년 목욕 오일 겸 향수인 '유스 듀Youth Dew'를 출시하면서 모든 것이 바뀌었다. 미국 전역을 강타한 유스 듀는 곧 회사 수익의 80퍼센트를 차지하게 되었다. 유스 듀의 아찔한 향기는 에스티의 창조물이기는 했지만, 옛 친구 반 아메링겐에게서 큰 도움을 받았다. 그가 시장성 있는 상품으로 개발해 주었을 뿐만 아니라 무엇보다 필요한 신용을 제공해 주었던 것이다. 47세 에스티와 55세 조지프는 향수에서 나온 수익금으로 맨해튼에 첫 타운하우스를 마련할 수 있었다.

1960년, 회사는 처음으로 백만 달러의 매출을 달성했지만 여전히 레브론Revlon, 헬레나 루빈스타인Helena Rubinstein과 엘리자베스 아덴Elizabeth Arden 같은 경쟁사에 뒤처져 있었다. 회사는 좀 더 성숙한 기업이 되어야 할 필요가 있었고, 1972년 사장직에 오른 레너드는 마침내 이를 실현했다. 한 업체 관계자에 따르면, "레너드가 마거릿 대처가 되는 사이 에스티는 영국 여왕이 되는 것" 같았다. 이후 에스티는 아라미스, 크리니크 라인과 인수한 오리진스 등을 통해 성공을 거두었다.

화장품 업계의 두 거장, 엘리자베스 아덴과 헬레나 루빈스타인이 세상을 떠나면서 그들의 왕국은 재정적 혼란에 빠졌고 대기업에 매각되어야 했다. 그 결과로 레브론과 에스티로더가 화장품 시장의 양대 산맥으로 우뚝 솟았다. 에스티는 레브론과 달리 자신의 회사를 가족 기업으로 유지하기로 결심을 굳혔다. 1995년에 비록 부분적으로 뉴욕증권거래소에 상장시키기는 했지만 회사는 여전히 가족이 경영하고 있다. 현재는 여러 손자손녀들이 회사 경영에 참여하고 있으며 로더 집안은 지금도 의결권 주식의 70퍼센트를 차지하고 있다.

에스티가 조지프와 다시 만나지 않았다면 로더 이야기는 어떻게 달라졌을까? 헤어진 동안에 그녀가 사귄 두 남자 모두 그녀에게 재정적으로나 사회적으로 도움을 주었지만, 궁극적으로 그녀는 조지프와 두 아들과 함께 무언가를 만들어가는 데서 훨씬 더 큰 만족감을 느꼈다. 마이어스나 반 아메링겐과 함께라면 그녀는 더 일찍 성공을 거두었을지도 모른다. 하지만 조지프와 함께함으로써 에스티로더는 가족 회사가 될 수 있었고, 후에 대규모 외부 자본이 투입되었어도 여전히 로더 가의 손에 남을 수 있었다. 거대한 비즈니스 왕국을 세운 것도 큰일이지만, 에스티가 평생의 사랑과 함께 이루어 낸 성과라는 점은 더욱 의미가 깊다. 재결합 이후 두 사람은 평생을 함께했다.

고급 잡지를 장식하는 시계 브랜드 파텍 필립Patek Philippe의 광고를 보면 주요 장면은 대개 비슷하다. 머리가 희끗희끗한 40대 중반의 세련되고 잘생긴 남자가 우아한 서재에서 아들과 나란히 자리하고 있는 모습이다. 아들은 16세에서 17세 정도로 순박한 모습이지만 아버지를 빼닮아 보장된 미래가 앞에 놓여 있다는 것을 한눈에 알 수 있다. 이 장면에 쓰인 글귀는 이렇다.

"당신은 결코 파텍 필립 시계를 소유할 수 없습니다. 단지 다음 세대를 위해서 보관할 뿐입니다."

광고가 제시하는 대로 사회적, 경제적 인사들의 시간관념은 통상적인 것과 사뭇 다를 때가 있다. 그들은 단지 몇 년 또는 수십 년이 아니라 몇 세대를 내다본다. 이러한 장기적 전망으로 사람들에게 투자하고, 이는 적절한 시기에 결실로 돌아온다.

밴필드가 언급했듯이 장기적인 전망을 가진 사람은 자신의 운명을 결정할 수 있다고 느끼기 때문에 자신감이 강하다. 1970년대 글을 썼기에 밴필드는 그러한 자신감을 '상류층'과 연관 지었지만, 오늘날 장기적인 전망을 가짐으로써 얻을 수 있는 혜택은 누구에게나 돌아갈 수 있다. 상류층에 합류하는 데 우아한 서재나 아이비리그, 옥스브리지 교육이 필수적인 것은 아니라는 말이다. 당신이 할 일은 그들과 비슷한 방식으로 생각하고, 제프 베조스처럼 주위와는 다른 시간관념을 갖는 것뿐이다.

이러한 관점을 잘 입증해 줄 두 가지 이야기를 살펴보자.

1946년, 도쿄의 불타버린 한 백화점 건물에 몇 사람이 모여 '도쿄통신 공업주식회사'라는 새 회사 창립을 선언했다. 38세의 이부카 마사루는 몇 달 전에 사업을 시작한 터였다. 그가 꾸린 팀은 라디오를 수리하면서도 이윤이 남는 제품을 만들려 했고, 젊은 25세의 모리타 아키오가 파트너로 회사에 합류했다. 두 사람은 전시 행정부에서 열추적 미사일을 연구하며 만난 사이였다. 전기학을 향한 열정과 사회에 도움이 되는 새로운 제품을 만들고 싶다는 열망으로 두 사람은 곧 끈끈한 결속을 맺었다.

모리타의 집안은 15대에 걸쳐 이어온 일본 유수의 사케 양조 집안이었다. 또 일본인들의 주식인 미소국의 재료가 되는 된장과 간장도 만들었다. 그러나 모리타 큐자에몬이 가업을 물려받았을 때 회사의 사정은 그리 좋지 않았다. 그의 할아버지와 아버지는 시민 의무와 미술, 수집에 관심이 많았던 터라 전문 경영인을 따로 두었다. 훗날 모리타는 할아버지와 증조부를 회상하며 "두 분은 세대를 이어 내려온 가문의 책임, 다시 말해 가업을 잇고 번성시킬 책임을 다하지 않으셨다"고 말했다.

큐자에몬은 사업체를 살리기 위해 경영학 공부를 그만두어야 했고 대대로 내려오는 가보를 팔아 현금을 마련했다. 아들인 모리타가 태어날 즈음 가족은 다시 부자가 되어 나고야에서 부유층이 사는 거리의 저택에 살게 되었다. 그 거리에는 유명한 방적회사이자 자동차산업에도 자본을 투자한 토요타 가문도 살고 있었다.

모리타는 사업을 물려받도록 훈련받았고 아버지는 사업과 관련된 다양한 활동에 아들을 참여시켰다. 하지만 그가 가장 좋아한 것은 전자제품을 만지는 것이었고 수학과 물리학에 더 깊은 관심이 있었다. 결국 큐자에몬은 그를 가족 사업체에 묶어두지 않고 대학에 진학해 공학을 전공하도록 했다. 이러한 열린 사고 덕분에 모리타는 평생 사업 파트너인 이부카 마수루를 만나 소니를 설립할 수 있었다.

1955년경 이부카와 모리타가 세운 작은 회사는 중견기업이 되었지만 모리타는 미국으로 눈을 돌리고 있었다. 첫 생산품인 휴대용 트랜지스터라디오로 미국 시장에 진출하려는 꿈을 가지고 있었지만 대부분의 반응은 시큰둥했다. 바이어들은 사람들이 점점 집을 넓혀가는 마당에 이토록 조그만 라디오를 원하는 시장이 있으리라고는 생각하지 않았던 것이다. 그러다 부로바_{Bulova}의 한 바이어가 1만 대를 주문하겠다고 나섰다. 당시 신생 회사 자본금의 몇 배에 달하는 엄청난 거래였다. 하지만 거래 조건에는 라디오를 '부로바'의 이름으로 판다는 내용이 들어 있었다. 도쿄통신공업주식회사의 제품명인 '소니'가 아니었던 것이다.

모리타는 이에 반발했고, 여러 압력에도 불구하고 거절 의사를 전했다. 부로바의 바이어는 충격을 받고 화내며 말했다.

"우리 회사는 설립한 지 50년 넘은 유명 브랜드입니다. 당신네 회사 이름은 아무도 들어본 적이 없고요. 그런데 우리 브랜드의 이점을 활용하지 않겠단 말입니까?"

모리타는 바이어가 말하는 의미를 충분히 이해했지만 이렇게 대답했다.

"50년 전 귀사의 브랜드는 지금 우리 회사 이름처럼 생소했을 겁니다. 지금 전 신제품을 가지고 여기에 있고, 내 기업의 다음 50년을 위해 첫발을 떼려는 참입니다. 50년 후에는 우리 회사 이름이 오늘날의 부로바만큼이나 유명해져 있을 것이라고 자신합니다."

모리타는 말을 하는 순간에도 이것이 올바른 결정이라는 것을 확신했다. 그는 항상 세계 무대에서 통할 적절한 브랜드를 만들겠다는 야심이 있었기 때문이다. 누구라도 혹할 거래를 거절한 소니는 이제 자유의 몸으로 스스로 운명을 개척하게 되었다.

모리타는 미국에서 소니의 전망에 대해 장기적인 안목을 갖고 소니 아메리카Sony Corporation of America를 설립했다. 미국에 자회

63

사를 세운 최초의 일본 기업이었다. 덕분에 소니는 가장 중요한 시장에서 소비자 가전 부문의 선두가 되었고, 음악 산업에 큰 변화를 일으킨 워크맨을 비롯한 여러 기기들을 시장에 선보일 수 있었다. 모리타는 수백 년 이어온 가업을 이어받지는 않았지만 가문의 가장 역할을 등한시하지 않았고, 소니를 운영하면서도 가족 모임을 꾸준히 주관했다.

앞서 말했듯 모리타 가문은 토요타 가문과 길 하나를 사이에 두고 있는 이웃이었다. 그렇다면 토요타의 이야기는 어떨까? 1800년대 후반 일본에서 자란 토요타 사키치는 방적기를 개발하는 전문가가 되었다. 실이 끊어지면 자동으로 멈추는 방적기 발명은 그의 혁신 중 하나에 불과했고, 그는 전국에 '발명왕'으로 알려지게 되었다. 그는 증기기관 개발자인 제임스 와트 같은 발명가를 다룬 새뮤얼 스마일스의 책《자조론 Self-Help》을 읽고 큰 감명을 받았다. 토요타가 이 책에서 얻은 교훈은, '성공은 타고난 재능이나 자원이 아니라 성실한 노력과 훈련, 인내의 결과'라는 것이었다.

토요타 사키치의 아들 키이치로가 영국의 한 선도적인 직조장비 회사에 '오류 방지 방적기'의 특허권을 판매하면서 수중에 10만 파운드가 생겼다. 사키치는 가족의 미래가 방적기가 아닌 자동차에 있다고 보았고, 이 자금은 토요타 자동차 회사의 설립 자본이 되었다. 그는 아들에게 말했다.

"누구나 일생에 한 번은 위대한 프로젝트와 마주치기 마련이다. 나는 새로운 방적기를 발명하는 데 모든 것을 바쳤다. 이제는 네 차례다. 사회에 보탬이 될 무언가를 완성하도록 노력해라."

토요타 키이치로는 자신의 가족 기업을 소규모 자동차 제조 기업으로 전환했지만, 몇 년 뒤 그의 사촌이자 동료인 토요타 에이지가 그 자리를 이어받은 뒤에야 비로소 토요타는 본격적인 제조사로서 모습을 드러냈다. 코롤라와 이후의 렉서스를 포함한 모델들로 엄청난 성공을 거두는 토대를 마련한 것이다.

미시간대학교 공학 교수이자 《토요타 방식The Toyota Way》의 저자인 제프리 라이커는 토요타를 걸음이 느리고 변화가 어려운 회사로 묘사한다. 하지만 경쟁이 치열하고 사명에 대해 분명할 때는 가속페달을 밟을 수 있는 기업이기도 하다. 1990년, 토요타 에이지는 21세기에도 업계 1위가 되려면 기존과 같은 방식으로 자동차를 만들어서는 안 된다고 회사 내부에 경고했다. 그는 기존 휘발유 엔진을 대체할 동력원을 찾아야 한다고 밀어붙였으며, 내부의 일부 반대에도 불구하고 자신의 생각을 고수했다. 1995년, 토요타는 혁명적인 신차를 시험하기 시작한다. 'G21' 연구 프로그램을 통해 결국 휘발유·전기 하이브리드 엔진을 장착한 차 프리우스를 내놓았고, 이는 자동차 제작 환경을 크게 변화시키는 계기가 되었다.

프리우스 사례는 토요타가 전반적으로 더디 익는 속성이 있더라도 필요하다면 빠르게 움직이는 가능성이 충분하다는 것을 보여준다. 오전 내내 잠만 자다가 갑자기 행동을 개시하는 고양이나 악어처럼 필요할 때를 위해 힘을 비축해 두는 것이다. 토요타는 목표를 멀리 내다볼수록 '현재에서' 기회를 더 잘 포착할 수 있다는 진리를 보여주는 대표적인 예다. 이것이 프리우스가 열매를 맺게 된 과정이며, 소니 브랜드를 만들기로 한 모리타 아키오의 결단에서도 명확히 드러난다. 지금 자신이 하려는 일을 알고 무엇을 지향하는지에 대해 선명하고 장기적인 관점을 갖고 있으면 단기적인 의사 결정을 내리기도 한결 수월해진다. 자신의 전망에 무엇은 들어맞고 무엇은 부합하지 않는지를 잘 알 수 있기 때문이다.

제프리 라이커의 '세계 최고의 제조사에 배우는 14가지 경영원칙' 중 제1번은 장기적인 철학이다. 이것이 없다면 지속적인 개선과 '사회에 가치를 더하는 계획'에 대한 토요타의 투자는 무의미할 것이다. 언론은 2000년대 후반 토요타를 강타한 엄청난 비용의 리콜에 관해 많은 보도를 했고, 그중 토요타는 영구적인 손실을 보거나 심지어는 파산할 것이라는 예측도 있었다. 하지만 이러한 우려는 토요타에 내재한 힘을 모르고 하는 소리였다. 물론 리콜에 어마어마한 비용이 들었고 빈틈없는 기술이라는 명성을 지닌 회사에는 당혹스럽기 짝이 없는 일이었지만, 수십 년 단위로 생각하는 회사는 그런 사건을 큰 걸음으로 기꺼이 받아들일 수 있다.

제너럴 일렉트릭General Electric, GE은 토머스 에디슨이 새로 발명한 전구를 판매할 기업이 필요해지면서 시작된 회사다. GE는 이제 출범한 지 125년이 넘었으며, 막강한 자본과 생산량으로 글로벌 기업으로 자리매김했다. 〈포춘Fortune〉은 그 기나긴 역사 속에서 GE의 리더가 바뀐 횟수는 같은 기간 바티칸의 교황이 바뀐 횟수보다 더 적다고 지적했다. 실제로 GE에서 오랫동안 성공적으로 회사를 이끈 전 회장 잭 웰치는 자서전에서 차기 회장을 뽑는 과정이 새로운 교황을 선출하는 복잡다단한 과정과 별반 다르지 않다고 말한다. 웰치의 후계자인 제프리 이멜트는 이렇게 설명한다.

"저는 125년 된 회사를 운영하고 있습니다. 내 앞에 누군가 있었듯이 내 뒤에도 누군가가 오겠지요."

평생토록 GE의 신시내티 공장에서 근무하며 항공기 엔진 부문을 관리하게 된 아버지 조지프를 둔 이멜트에게 회사는 가정 같은 곳이었다. 2001년 자리를 넘겨받은 이멜트는 전 세계에서 가장 실적이 좋은 회사들에 대한 연구를 의뢰했다. 주요 조사 결과 중 하나는 이러한 회사들이 '내부 전문성'을 높이 인정한다는 점이었다. 다시 말해 외부 경영자들을 불러들여 '상황을 휘저어' 놓거나 '가치를 빼낼' 외부 인사들을 잘 들이지 않았고, 대신 회사에서 오래도록 일했으며 임원으로 준비된 사람들의 깊은 전문지식을 높이 사는 경향이 있었다. 이멜트는 자신의 회사를 살펴보고 마찬가지라는 것을 깨달았다. 그는 〈하버드 비즈니스 리뷰Harvard Business Review〉에서 이렇게 언급했다.

"GE에서 가장 성공적인 부분은 리더들이 오랫동안 자리를 유지해 왔다는 데 있다. 항공엔진 분야에서 브라이언 로가 얼마나 오래 자리를 지켰는지 생각해 봐라. 그 분야에 대한 해박한 지식에 의거해 그가 내린 네다섯 번의 결정적인 결단은 우리가 50년 동안 산업을 선도할 수 있게 한 원동력이었다."

경영진이나 인사 변화가 잦은 조직은 마땅히 안정성을 잃을 수밖에 없다. 반면 업무를 속속들이 아는 성실한 사람들이 오랫동안 일한 곳에서는 서두르지 않는 안정된 분위기가 풍기고, 이를 통해 자연스럽게 더 좋은 인재를 끌어들인다. 목표를 명확히 하고 목적을 달성할 수 있도록 장기적인 전망을 부여함으로써 조직은 이런 모습을 지닐 수 있다. 삶에서와 마찬가지로 비즈니스에서도 더 멀리 내다보는 것이 큰 차이를 낳는 법이다.

장기적 전망의 힘과 관련해 마지막으로 두 사례를 살펴보자.

1952년 인도에서 태어난 비크람 세스는 20대 초반에 캘리포니아의 스탠퍼드대학교에서 경제학 박사 과정을 시작했으며, 경제학 박사 학위를 취득하는 10년 동안 시를 공부했다. 그는 '중국 인구 계획'에 대한 논문을 연구하기 위해 몇 해 동안 중국 난징대학교에서 머물며 그 시기에 유창한 중국어를 배웠다. 중국에서 인도로 육로 여행을 다녀온 후, 그는 여행기이자 회고록인《천상의 호수에서: 신장과 티베트를 가로지르는 여행From Heaven Lake: Travels Through Sinkiang and Tibet》을 발표했다. 이 책은 여행 글쓰기 부문 토마스 쿡

상을 수상했으며 판매 실적도 좋았다. 3년 후 그는 1980년대 샌프란시스코에 사는 여피족을 주제로 쓴 시집《골든게이트The Golden Gate》를 출간했다. 이 또한 성공작이라는 평단의 호평도 받았다.

세스는 두 번째 소설을 쓰기 위해 인도로 돌아와 부모 집에 얹혀살았다. 책을 길게 쓸 의도가 없었지만, 1952년 인도 최초 총선까지 이르는 동안 네 가족의 삶을 그리는 이 프로젝트는 자라고 또 자라났다. 책을 서둘러 완성해야 한다는 것에 대한 반감으로 세스는 집필하는 데 수년을 매달렸고, 마침내 41세인 1993년에 1,349페이지에 달하는 벽돌 같은 책《어울리는 남자A Suitable Boy》를 출간했다. 이 작품은 현재까지 영어로 쓰인 가장 긴 단권 소설로 알려져 있다.

엄청난 두께에도 불구하고, 아니 어쩌면 그 두께 덕택인지 몰라도 이 책은 100만 부 이상 판매되며 출판계에 센세이션을 일으켰다. 곧 그는 국제 도서전의 러브콜을 받는 문학가가 되었다.〈워싱턴 포스트The Washington Post〉는 그를 '톨스토이에 대한 첫 시도'라고 환영했다. 그는 더 이상 '촉망받는 젊은 작가'가 아닌 문학계 거물이었다.

10년 동안 부모 집에서 얹혀살며 글을 쓰면서도 그는 어떻게 서두르지 않을 수가 있었을까?

사실 그 책이 10년 넘게 쓰였다는 점을 감안하면 세스는 1년에 고작 130쪽만 썼다는 얘기다. 더 많은 수입을 따랐다면 그는 책이 쓰이는 대로 분권해서 출간했을 테지만, 그는 책 속의 세계가 완전히 익은 한 권의 책으로 공개될 때까지 몇 해를 기꺼이 기다리기로 했다.

세스는 자신을 작품의 주인이 아닌 통로로 본다고 말했다. 이는 자신의 손을 떠난 책이 마치 자신 밖의 실체인 것처럼 펼쳐지기를 기다린다는 의미다. 책이 이렇게 풍부하고 밀도 높은 작품이 된 것은 세스가 약한 불에서 장기간 익혔기 때문이다. 좀 더 빨리 문학의 오븐에서 꺼냈다면 구조가 약해지거나 구성에 문제가 있었을지도 모른다. 하지만 세스는 지혜롭게도 뒤로 물러나 앉아 양질의 결과물을 탄생시키는 시간의 역할에 대해 존중을 표했다.

앤서니 곰리는 영국 북부의 고속도로 위로 높이 솟은 거대한 형상 '북쪽의 천사Angel of the North'로 유명한 영국의 조각가다. 매년 3천만 명의 사람들이 이 작품을 보러 오지만 그의 경력이 무르익기까지는 상당히 오랜 시간이 걸렸다.

어린 시절 곰리는 비 오는 토요일 오후에 대영박물관을 돌아다니거나, 사업가이자 예술을 사랑하는 아버지의 손에 이끌려 갤러리에 다니곤 했다. 앰플포스의 가톨릭 기숙학교 재학 중 미술상을 수상했고, 졸업 후에는 고고학, 인류학, 미술사를 공부하기 위해 케임브리지로 진학했다. 졸업할 무렵 전업 화가가 될 준비가 되지 않았다고 생각한 그는 불교를 배우기 위해 인도로 여행을 떠났다. 장티푸스에 걸리고 출가도 고민하면서 그렇게 3년을 떠나 있던 그는 영국으로 돌아와 미술 학교에 등록하고 불법 거주 건물에서 살기 시작했다. 그렇게 남은 20대를 런던의 여러 미술 학교에서 보내게 된다.

곰리의 첫 도약은 화이트채플 갤러리에서 개인전을 연 1981년이었다. 이제 30대가 된 갓 결혼한 그는 성공 가도를 달릴지도 모른다는 기대를 했다. 하지만 실제로는 1980년대 내내 지지부진한 삶을 살았다. 그는 공공 갤러리나 공공장소에 전시하는 데만 관심이 많아, 개인 거래상에게 판매할 수 있는 작품은 많지 않았다. 게다가 세 아이의 아버지가 된 10년 동안 늘 경제적으로 쪼들렸으며 주목 받는 일도 점점 줄어갔다.

그러다 1990년대에 들어서면서 곰리의 작품은 진가를 발휘하기 시작했다. 수천 개의 점토 머리로 가득 채운 작품《들판Field》으로 그는 영국 현대미술계 가장 권위 있는 상인 터너상을 수상했다. 또한 영국 현대미술의 흐름을 주도하는 화이트 큐브 갤러리의 소유주 제이 조플링에게 발탁되었다. 43세가 되자 마침내 그에게 돈과 찬사가 쏟아졌다.

물론 많은 예술가들이 어떤 식의 인정을 받는 데 훨씬 더 오랜 시간이 걸린다. 그런 점에서 43세에 빛을 본 곰리는 늦게 출발한 사람이라고 할 수 없다. 하지만 부유한 가정, 케임브리지 교육, 좋은 미술 학교 등의 타고난 환경을 고려할 때 그는 자신의 잠재력을 깨닫기까지 20년이 걸렸다. 곰리와 같은 사람도 이런데 왜 우리는 더 어린 나이에 어느 정도의 위치에 있어야 한다고 생각하는가? 예술의 역설은 지극히 경쟁적이라는 데 있다. 모든 상, 보조금 그리고 거래상에는 수천 명은 아니더라도 수백 명의 경쟁자가 붙는다.

그럼에도 불구하고 예술계가 무엇보다 높은 가치를 두는 것은 놀라운 독창성인데, 이는 본질적으로 경쟁과 아무 관계가 없다. 곰리는 수입이나 작품 설치를 위해 경쟁에 뛰어들 필요가 없었다. 저절로 다가왔던 것이다. 스스로 창조한 예술적 목표를 추구하기 위해 시간을 들이고 공간을 개척해 나갔기 때문에 모든 것이 가능했다.

비평가들은 인간 형상의 금속 작품 외에는 거의 다루지 않는 그를 '외골수'라고 비판했지만, 그에게 명성을 안겨준 것은 바로 이러한 초점이었다. '큰 것 하나'를 선택하고 수년에 걸쳐 끊임없이 다듬어지면 그 힘이 커진다. 이 원칙은 비단 예술뿐만 아니라 모든 삶의 방식에도 적용된다. 직업, 스타일, 비즈니스 등에서 자신의 위대함을 발견하는 데는 20년, 30년 또는 40년이 걸릴 수 있지만, 그것이 자신을 기다리고 있다는 여유로운 기대가 있다면 마침내 흡족한 결과를 얻게 될 것이다.

물론 경제적으로 궁핍했을 때 팔릴 만한 별개 작품을 만들어 자신의 커리어에서 비껴갈 수 있었다. 그러나 그는 아무도 볼 수 없는 집에 자신의 작품이 놓이는 것에 전혀 관심이 없었다. 그는 공공장소에서의 소통을 고수했고 결국 대중은 이러한 헌신을 높이 평가하게 되었다. 수시로 변하는 유행에도 불구하고 자신의 예술적 소신을 고수했다는 점에서 그는 크나큰 보상을 받았다. 시시각각 모든 것을 요구하는 세상에서 이러한 확고함이 오히려 극찬의 대상이 된 것이다.

성공을 위해
시기에 의존하지 마라

시간과 인내는 뽕나무잎을 비단으로 만든다_중국 속담

누에는 뽕나무잎을 먹을 때 '비단'이라는 반짝이는 실을 내놓는다. 이 말은 프랑스 정치에 막강한 영향력을 행사했던 정치가 탈레랑이 즐겨 쓰던 말이기도 하다.

탈레랑은 수십 년에 동안 여러 차례 유배와 불명예를 겪었지만 항상 재기해 중요한 역할을 맡았다. 그는 타고난 재능과 인맥, 뛰어난 머리에도 불구하고 다음과 같은 사실을 깨닫게 되었다. 바로 시간과 타이밍에 대한 예리한 인식 없이는 그 무엇도 이룰 수 없다는 것을 말이다. 탈레랑은 사람들이 유행을 따라 오간다는 것을 알고 있었고, 그래서 총명한 사람은 기꺼이 다시 기회가 올 때까지 기다릴 줄 알아야 한다고 생각했다.

지금껏 노력했음에도 불구하고 일이 잘 풀리지 않았다면 기다리자. 상황은 언젠가 당신 편으로 돌아오게 되어 있다.

프리초프 카프라는《현대 물리학과 동양사상The Tao of Physics》에서 이렇게 말했다.

"중국인들은 상황이 극단으로까지 치달으면 결국에는 회귀해서 반대가 된다는 믿음을 갖고 있다. 이러한 근원적인 믿음이 고난의 순간에 용기와 인내심을 주었고, 성공한 시기에도 신중하고 겸손한 태도를 지니도록 만들었다."

한두 해 사이에 성공을 가늠할 수는 없다. 하루 이틀이나 주 단위로만 미래를 내다본다면 불확실성과 위험이 수반되기 마련이다. 장기적인 전망을 가진 사람은 어떤 경우에도 헤쳐 나갈 수 있다.

인생, 경력 또는 비즈니스를 길게 바라보면 많은 걱정과 불안이 사라진다. 처음에는 하는 일이 다른 사람보다 뛰어나지 않을 수 있지만, 시간과 경험을 쌓고 이를 세상에 제공하는 '상품'(그것이 물건이든 서비스든 나 자신이든)으로 만들겠다는 의지가 있다면 차별화할 수 있다.

유행은 오고 가지만 품질과 독창성은 언제나 인정받는다. 허허벌판에서 혼자 목소리를 내는 기분이 들더라도, 남들이 지금

내 모습을 희한하게 여기더라도 결코 절망하지 말자.

성공을 위해 '시기'에 의존할 필요는 없다. 오히려 확고한 신념을 밀어붙임으로써, 그리고 지금 내 모습과 내가 하는 일을 전적으로 신뢰함으로써 '시대'는 스스로 만들어갈 수 있는 법이니까.

CHAPTER

NEVER TOO LATE TO BE GREAT

리드 타임을
받아들이자

2004년 어느 날 밤, 에리카 순네고르드는 눈물을 흘리며 이제는 가수의 꿈을 포기해야 하는 것은 아닐까 생각했다. 16년 동안 웨이 트리스로 일하면서 교회와 장례식에서 노래를 불러왔지만 이제는 서서히 희망이 사라져가고 있었다. 그러나 38세가 되던 해 마지막 으로 한 번만 더 꿈에 도전해 보기로 결심했다. 그녀는 뉴욕에 살고 있었지만 한 친구가 스웨덴 말뫼 오페라 오디션에 참가해 보지 않 겠느냐는 제안을 했던 것이다. 오디션은 순조롭게 진행되었고, 푸 치니의《투란도트Turandot》에서 처음으로 배역을 맡게 되었다.

이 경험을 통해 그녀는 자신감을 얻어 메트의 오디션에 지원 해 주인공의 대역을 맡게 되었다. 그러던 2006년의 어느 날 밤, 베 토벤의《피델리오Fidelio》에서 레오노라 역을 맡은 가수가 아파 무 대에 설 수 없게 되었다. 40세의 그녀는 마지막에 대역으로 투입되 었고 결과는 대성공이었다. 비평가들의 극찬을 받았고 관객들의 마음도 사로잡았다. 마침내 그녀의 꿈이 이루어진 것이다.

50대 후반이 되어서야 걸작《법의 정신De l'esprit des lois》을 펴낸 프랑스 철학자 몽테스키외는 이렇게 말했다.

> "대부분의 경우 성공은 성공하는 데 얼마나 걸릴지 아는 것에 달려 있다."

그렇다면 과연 얼마나 걸리는 것일까? 당연한 얘기지만 사람마다 다르다. 그러나 몇 살에 성공을 거두었는지에 관한 것보다 더 중요한 것이 있다. 바로 최초로 아이디어를 낸 시기와 철저히 수행하기 시작하기까지의 기간, 다시 말해 리드 타임이 있어야 한다는 사실이다. 이 '사이의 시간'을 충분히 부여해 보자. 그 시간이 지나고 나면 성공이 올 뿐만 아니라 아주 완벽한 모습을 띠고 있을 것이다. 다음의 몇 가지 사례를 살펴보자.

모차르트는 정말 조기 성취의 아이콘일까?

다윈의《종의 기원On the Origin of Species》과 같은 해에 쓰인 책으로 개인적 발전에 상당한 영향력을 보인 논문《자조론》에서 새뮤얼 스마일스는 "가장 탁월한 천재들은 예외 없이 가장 지칠 줄 모르는 일꾼"이었다고 전했다. 그는 아무리 노력해도 평범한 사람이 셰익스피어나 베토벤, 모차르트, 미켈란젤로가 될 수 없다는 사실을 인정하면서도, 누구에게나 재능의 씨앗이 있기 때문에 충분한 훈련과 적응을 거치면 그 씨앗이 무척이나 유용할 것이라고 말했다. "재능은 노력에 수반되는 결과"라는 것이다. 미국인인 오리슨 스웨트 마든도 유사한 이야기를 했다.

"서서히 버는 1페니가 빨리 버는 1달러보다 확실하다. 천천히 걷는 사람은 빨리 달리는 사람보다 멀리 간다. 천재는 돌진하고 갈팡질팡하다 지치지만, 인내심은 버티고 또 버티어 승리를 거둔다. 결국 못을 박는 것은 마지막 한 번의 내리침이다."

위대한 미술 비평가이자 미학자인 존 러스킨은 이렇게 충고했다.

"당신의 천재성에 결코 의존하지 말라. 당신이 재능을 가졌다면 근면함이 그것을 증명해 줄 것이다. 아무것도 갖지 못했다면 근면함이 그 부족함을 채워줄 것이다."

특권의식에 일침을 가하곤 했던 볼테르는 '천재성'을 가진 사람을 평범한 사람과 구분 짓는 명확한 선이 있다고 말했다.

"노동은 권태와 부도덕과 빈곤이라는 세 가지 악을 추방한다."

19세기의 박물학자 뷔퐁은 일침을 던졌다.

"천재는 끈기다."

천재성이라는 주제에 관한 사상가들의 견해는 바로 시간과 일이다. 그렇다면 연구 결과는 어떨까?

1970년대 초반, 노벨상 수상자인 허버트 사이먼과 윌리엄 체이스는 세계적인 체스 선수들을 연구한 결과 꾸준한 공부와 연습 없이 자기 분야에서 최고의 위치에 도달한 사람은 아무도 없다는 것을 알아냈다. 예외는 고작 16세의 나이에 세계 챔피언에 오른 보비 피셔뿐이었다. 그러나 피셔조차도 '별종'이 아니라 리드 타임 법칙을 따른 결과였다. 7살 때부터 시작해 9년 동안 끊임없이 체스를 한 것이다. 사이먼과 체이스가 명명한 대로 '10년 규칙'은 수학과 음악, 수영, 테니스, 문학을 포함한 다양한 분야에서 확증되었다.

1990년, 카네기멜론대학교의 존 헤이스는 위대한 작곡가들이 대작을 작곡한 나이를 주제로 연구를 했다. 연구 결과 커리어 초창기의 10년 동안에 걸작이 나온 경우가 드물었다. 분석한 500개 작품 중에서 예외는 각각 8년, 9년, 9년에 작품을 발표한 사티와 쇼스타코비치와 파가니니 셋뿐이었다. 헤이스는 다음과 같이 썼다.

"평균적으로 커리어 생산성은 최초 10년 동안의 침묵, 10년에서 25년까지의 급격한 증가, 25년에서 45년까지의 안정된 생산성과 그 이후의 지속적인 하락이라는 양상을 보인다."

헤이스는 생산성의 최고조는 40세를 전후한 때이며, 헨델과 베르디가 슈베르트만큼 젊은 나이에 사망했다면 아예 훌륭한 작곡가로 간주되지도 않았을 것이라고 지적했다. 많은 작곡가들은 커리어를 시작한 뒤 50년이 지나서도 중요한 작품을 계속해서 만들어냈다. 알베니스의 경우에는 72년까지도 작품 활동을 했다. 그는 다음과 같은 결론을 내렸다.

"이 세 가지 연구를 보면 초창기 침묵의 시기는 탁월한 재능을 타고난 그 어떤 예술가도 창조성을 발휘하는 데는 오랜 준비 기간이 필요하다는 것을 말해준다."

그리고 헤이스는 스스로에게 물었다. 그렇다면 걸작은 준비의 결과물일까, 아니면 나이 그 자체에서 나오는 것일까. 음악적 차별성에서 나이가 가장 중요한 요소라고 가정하면 일찍 시작한 작곡가들은 느지막이 훈련을 시작한 경우보다 더 오래 기다려야 비로소 자기만의 특징을 가질 수 있다는 결론이 도출된다. 헤이스가 발견한 바로는 그 결론은 사실에 맞지 않았다. 진정으로 중요한 것은 시작한 나이가 5세든 10세든 간에 상관없이 끈기 있게 몰두한 기간이다. 최초의 걸작을 몇 살에 만들었든지, 언제 이름을 알리게 되었든지 간에 그 전에는 '침묵의 10년', 기술을 연마하는 데 드는 상대적인 무명의 기간이 있게 마련이었다.

　그렇게 어린 나이에 그토록 많은 작품을 만든 모차르트의 경우는 어떨까? 모차르트야말로 '침묵의 10년'을 건너뛴 진정한 천재는 아니었을까? 헤이스는 모차르트 작품 중에서 가장 많이 언급된 작품들을 살펴보고, 모차르트가 처음 작곡을 시작한 뒤 10년 내의 작품들은 거의 언급되지 않는다는 사실을 알게 되었다. 전반적으로 작곡가의 명성을 감안해 초기 작품들이 흥미롭기는 해도 걸작이라고 하기에는 무리가 있었다. 헤이스는 음악평론가 해럴드 쇤베르크의 말을 떠올린다.

> "6살에 곡을 쓰기 시작하고 36년밖에 살지 못한 한 작곡가에게 뒤늦게 꽃을 피웠다는 표현은 좀 어색하지만 사실이다. 모차르트의 초기 작품에서는 우아하기는 해도 1781년 이후 그의 작품에 나타난 개성과 집중력, 풍부함을 찾아보기 힘들다. 1781년은 모차르트의 성숙함을 완성한 해였고 이후의 모든 작품이 걸작이었다."

　1781년 모차르트는 고작 25살이었지만 5살부터 작곡을 해왔고 아버지에게 훈련을 받았다. 1781년에 모차르트는 이미 경력 21년 차였다고 헤이스는 지적한다. 그러므로 우리가 '모차르트'라는 이름을 들었을 때 머리에 떠올리는 작품들은 자신의 예술을 마스터하면서 20년 넘는 세월을 보낸 사람이 만들어낸 산물인 것이다. 아들을 스타로 만들려는 의도를 품은 음악 선생인 아버지를 두었으니 모차르트가 운이 좋았던 것일지도 모르지만, 이 뛰어난 천재가 어디서 난데없이 나타난 사례라는 증거는 없다. 만약 그가 하늘에서 뚝 떨어진 천재였다면 우리는 모차르트의 나중 작품만큼이나 초기 작품도 들어야 마땅하지 않겠는가?

누구나 그렇듯이 모차르트 역시도 잠재력을 꽃피울 기술을 연마하느라 여러 해를 보내야 했다. 그러나 워낙 일찍 시작했기 때문에 하늘이 내린 천재처럼 보인 것이다. 젊음이 하나의 프리미엄으로 여겨지는 예체능계 스타들을 살펴봐도 별다를 바 없다. 5살에 무대에서 공연을 시작한 마이클 잭슨이나 어린 시절 내내 직업적으로 노래를 했던 비지스, 2살에 골프 코스에 세워진 타이거 우즈를 생각해 보라. 올림픽 체조경기 금메달을 두 번이나 차지했으며 그녀의 이름을 딴 새로운 기술을 여럿 만들어 낸 스베틀라나 호르키나는 10대 후반에 들어서 두각을 나타냈지만, 많은 러시아 체조선수들처럼 역시 4살 때부터 연습을 시작했다.

하룻밤 사이에 성공한 대표적인 예로 여기는 사람들도 많지만 레이디 가가는 사실 4살 때부터 피아노를 배웠고 10대 초반쯤에는 작곡을 시작했으며 클럽에서 무대가 개방되는 날에는 노래를 부르기도 했다. 셀린 디온은 몬트리올에 있는 부모의 와인바에서 아주 어렸을 때부터 노래를 불렀다.

토머스 에디슨이 말한 널리 알려진 표현이 있다.

"천재는 1퍼센트의 영감과 99퍼센트의 노력으로 이루어진다."

하지만 그 뒤의 문구는 덜 회자된다.

"사실 '천재'란 자신에게 주어진 숙제를 성실히 하는, 단순히 재능 있는 사람에 불과할 뿐이다."

한 소년이 위대한 바이올리니스트 펠리체 지아르디니에게 연주법을 익히는 데 시간이 얼마나 걸리는지 물어보았다. 그의 대답은 '이십 년 동안 하루 열두 시간씩 꼬박'이었다. 연습은 완벽을 만든다. 하루라도 일찍 기술을 연마하기 시작하면 놀라운 일을 해낼 가능성이 그만큼 커지는 것이다.

그러나 전문성 분야의 세계적인 전문가 안데쉬 에릭손은 우리가 흔히 생각하는 연습으로는 어떤 분야에서든 최정상에 서기에 충분하지 않다고 지적한다. 그러려면 조언을 받아들이고 계획을 세워 점검하는 '착실한' 연습, 날마다 조금씩 나아지려는 끊임없는 노력이 있어야 한다. 이것이 바로 골프선수 벤 호건이 한 일이었으며, 역사상 가장 위대한 크리켓 선수로 알려진 도널드 브래드먼이 유명해진 것도 바로 이런 연습 덕분이었다. 어린 시절, 브래드먼은 몇 시간씩 집 뒷마당에서 육감을 기르려고 크리켓 배트가 아닌 크리켓 스텀프를 들고 골프공으로 물탱크를 치곤 했다. 오늘날의 스포츠 영웅의 경우에도 마찬가지다. 축구계의 전설인 데이비드 베컴조차도 연습을 사랑하는 것으로 잘 알려져 있다.

사이먼과 체이스, 헤이스와 마찬가지로 에릭손은 위대해지는데 시간이 걸리며 거기에 지름길은 없다는 것을 깨달았다. 재능이 얼마나 뛰어나든 연습에 대한 열정이 얼마나 높든 간에, 정상을 차지한 사람이 그 자리에 서기까지는 언제나 오랜 시간이 걸린다. 유일한 '지름길'은 다른 동료들보다 먼저 시작하는 것뿐이다. 그러나 앞으로 살펴보겠지만, 심지어는 이것조차도 성공의 필수요건이라고는 할 수 없다.

'침묵의 10년' 동안 기초를 다진 사람들

새뮤얼 스마일스는 선구적인 해부학자이자 외과의사인 존 헌터를 "오랜 세월 지하에서 땅을 파고 기초를 단단하게 다지며 일한" 독창적인 인물의 대표 사례라고 말했다. 지크문트 프로이트와 마틴 루터도 비슷한 사례로, 두 사람 모두 독자적인 성과를 이루어낼 때까지 '침묵의 10년'을 보내야 했다.

지그문트 프로이트는 학창 시절 학생들에게 선망의 대상이었고, 부모가 주는 다양하고 특별한 혜택을 누렸다. 그는 법대 진학을 앞두고 있던 마지막 순간에 마음을 바꾸어 의학으로 진로를 정했다. 그 후 8년 동안 학위를 마치는 데 전념했고 사회에 나가서도 조금도 서두르지 않았다. 그는 의학 연구원이 되고 싶어 했고 실제로 탁월한 논문을 몇 편 쓰기도 했지만, 한편으로는 결혼을 하고 싶었기에 가정을 꾸리려면 안정된 직업을 가져야 한다는 것을 잘 알고 있었다. 그래서 프로이트는 빈 종합병원의 뇌해부학 연구실에서 일하기 시작했고 몇 년 후에는 개인 진료소를 차렸다.

매일매일 환자를 보고 연구를 한 13년 동안, 프로이트는 물리적인 뇌 자체를 넘어서 심리적인 문제에 관심을 가졌고, 훗날 정신분석학이라고 명명한 학문의 지적 토대를 쌓아 갔다. 업무량이나 가정적 책무가 많지는 않았기 때문에 광범위한 질문들을 고심하고, 이집트의 조각상을 수집하고, 소장하고 있던 철학과 신화학과 문학에 관한 상당한 분량의 책을 읽을 충분한 시간을 낼 수 있었다. 다른 의사들과 교류를 하기는 했지만 10년이 넘는 기간 동안 기본적으로 혼자 연구했다. 프로이트는 이 시기를 '지하의 어둠 속으로 내려가는 시기'라고 표현했다.

현재의 그를 있게 한 저서 《꿈의 해석Die Traumdeutung》은 40대 중반이 되어서야 출간되었다. 집필을 마친 뒤 그는 이렇게 썼다.

> "이러한 영감은 한 사람의 평생에 단 한 번밖에 떠오르지 않는다."

그러나 고작 몇백 부가 출간되었고 모두 팔리기까지도 몇 해가 걸려야 했다. 12년이 흘러서야 《The Interpretation of Dreams》라는 제목으로 영문판이 번역되면서 프로이트의 명성은 빛을 발했다. 그때 나이는 50대 후반이었다.

저명한 종교개혁가인 마틴 루터는 가톨릭 교단의 월권과 부패에 맞서 종교개혁의 불을 지폈다. 한 독일 교회의 문에 무엇이 개혁되어야 하는지를 조목조목 짚은 '95개 논제'를 못으로 박아 건 것은 하나의 폭탄이나 진배없었고, 이 논제는 새로이 발달된 인쇄술 덕분에 기독교 세계 전역에 전파되었다. 젊은 시절에는 체제에 반역하는 태도를 표명하기가 비교적 쉽지만 루터가 목소리를 높였을 때는 당시만 해도 중년이라 할 수 있는 그의 나이 34세 때였다. 왜 그렇게 오래 걸렸던 것일까?

그의 아버지는 아들이 변호사가 되기를 바랐지만 마틴은 수도원에 들어가기로 마음을 굳혔다. 하지만 일단 수도원에 들어가자 이방인 같은 느낌을 받았다. 그가 자신의 소명에 대해 절규했던 것은 수도원 시절이었다. 의구심을 가지기는 했지만 영민한 정신과 능력으로 그는 교계에서 빠른 속도로 나아갔고, 30대 중반이 되자 11곳의 수도원을 책임지게 되었다. 그 어떤 전통적인 기준으로 보아도 '성공한 사람'이었다.

널리 알려진 루터의 전기를 쓴 정신과 의사 에릭 에릭슨은 역사상 위인들은 그 무엇이든 자신이 하려는 것에 전적인 신뢰를 쌓기 위해 놀라우리만큼 수동적인 상태로 몇 년을 보내는 경우가 적지 않다고 지적했다. 그리고 이 단계를 지난 다음에야 비로소 진정한 개인적인 신념이 나타나기 시작하는 것이다. 에릭슨은 말한다.

"독창적인 사상가는 인상을 남기기 위해서뿐만 아니라 스스로의 반응을 보기 위해서 오랜 시간을 기다린다."

루터의 경우에는 전적으로 교회에 헌신한 '후에야' 교회에 반기를 들고 나설 수 있었다.

에릭슨은 루터와 프로이트 모두 기꺼이 "자신이 살고 있는 시대의 더러운 일을 할" 준비가 되어 있었다고 말한다. 다시 말해 당시의 사회적이고 종교적인 관습을 거스르는 것이라 할지라도 진실을 추구하기로 한 것이다. 프로이트가 《꿈의 해석》을 쓰기 전 몇 해를 지하의 어둠 속으로 내려가는 시기로 묘사했다면, 루터는 종교개혁가로서 자신을 이끈 사상을 발전시킨 10년을 유사한 표현으로 설명한다. 그는 이 시기를 "질퍽질퍽한 진창 속에서 일한" 시기라고 일컬었다.

우리는 그러한 시기를 부정적으로 보는 경향이 있지만, 프로이트와 루터에게 그 시기는 명성과 그에 따른 압박이 죄어들어 오기 전 자신이 흥미를 느끼는 그것을 탐험하고 스스로가 누구인지를 알아볼 자유를 누린 때였다.

당신은 "진창에 빠진 것 같은 시절"이나 "지하의 어둠 속으로 한없이 내려가는 것 같은 때"를 겪어본 적이 있는가? 이러한 시기를 잘 넘기기 위한 방법은 그 안에 편하게 자리를 잡고, 있는 그대로를 즐기는 것이다. 어떻게든 빨리 움직이려고 애쓰면 그 시기가 안겨줄 수 있는 상당한 식견을 놓치게 된다.

개성적인 성격의 주인공 메리 포핀스를 만들어낸 오스트레일리아인 파멜라 트래버스도 이 점을 알고 있었다. 10대 때 그녀는 배우가 되어 셰익스피어 극단 같은 곳에서 순회공연을 하는 꿈을 꾸었다. 또한 글쓰는 것을 무척 좋아해 잡지에 시와 이야기를 기고하기도 했다. 이렇게 벌어들인 수입을 저축해 그녀는 당대의 문학계 거물들을 만날 요량으로 영국으로 가는 표를 샀다. 1924년 영국에 도착한 그녀는 〈아이리시 스테이츠먼Irish Statesman〉의 편집자 조지 러셀과 친분을 쌓았고 그는 그녀의 작품 몇 가지를 출간해 주었다. 그 후 '하늘을 날아다니는 유모 메리 포핀스'에 대한 첫 번째 이야기를 쓰기 시작했다. J. K. 롤링이 해리포터 캐릭터에 대해 언급했던 것처럼, 그녀는 훗날 그녀가 메리 포핀스를 만든 것이라기보다는 "메리 포핀스가 나를 만든 것 같다"고 말했다.

그녀의 획기적인 성공은 그다지 일찍 온 것이 아니었다. 대략 롤링이 《해리 포터》 1권을 썼던 나이(34세)와 비슷하지만, 10년 동안 글을 썼기 때문에 이제 글솜씨는 잘 연마되어 있었고 오랫동안 상상 속에서 자신의 세상을 만들어 온 터였다.

《우산 타고 날아온 메리 포핀스Mary Poppins》는 그녀가 작품 활동을 한 54년 동안 모두 8권이 출간된 시리즈의 출발일 뿐이었다. 두 번째 메리 포핀스 책은 1권이 나오고 1년 뒤에 출간되었지만 세 번째 책은 9년 후에 나왔다. 나머지는 8~12년의 간격을 두고 나왔다. 이러한 간격은 그녀가 행복을 희생하면서 서둘러 책을 낼 생각이 없었다는 의미이다. 영화《메리 포핀스》의 경우에는 디즈니와 처음 이야기가 있었던 뒤로 꼬박 20년이 지난 1964년에야 빛을 보게 되었으나 기다릴 만한 가치가 있는 영화였음을 증명해 보였다. 꾸준히 인기 있는 영화 중 한 편으로 꼽힐 뿐만 아니라, 절대로 서둘러서는 안 된다는 고집이 반영된 덕분에 작품 수준도 상당하다. 메리 포핀스 책도 진가를 드러내기까지 몇 해가 걸렸는데, 영화가 적당한 리드 타임을 가지지 않을 이유가 무엇이겠는가.

성공의 법칙은 절대 깨지지 않는다

정말로 위대한 일을 이루어내는 데 상당한 리드 타임이 필요하다면 짧은 시간에 놀라운 성과를 달성해 낸 컴퓨터 테크놀로지 세계의 젊은 스타들은 어떻게 설명할 수 있을까?

구글 창립자인 래리 페이지와 세르게이 브린을 생각해 보자. 페이지는 컴퓨터학 교수인 아버지와 프로그래머인 어머니 사이에서 태어나 컴퓨터와 과학지로 둘러싸인 집에서 자라났다. 어린 시절부터 그는 발명가가 되고 싶었고 언젠가는 테크놀로지 기업을 창업하겠다는 꿈을 꾸었다. 브린은 러시아에서 이민 온 수학자인 부모에게서 태어났고, 유년 시절부터 수학 문제 풀기를 무엇보다도 좋아했다. 다른 아이들처럼 비디오게임 디자이너가 되는 미래를 그리는 대신 그는 컴퓨터의 힘이 진정으로 사람들에게 유용해질 수 없을지 알고 싶었다. 스탠퍼드 대학원에서 처음 만난 페이지와 브린은 많은 양의 데이터를 유용하게 사용할 수 있게 하는 데 관심이 많았다. 두 사람의 관심은 유명한 검색엔진의 개발로 귀결되었다. 구글이 시작되었을 때 그들은 겨우 20대 초반이었지만, 그때쯤에 둘은 지능적 인터넷 검색이라는 문제에 오랫동안 숙련된 상태였다.

마이클 델(델 컴퓨팅Dell Computing)과 빌 게이츠(마이크로소프트 Microsoft) 모두 이른 나이부터 테크놀로지에 몰입했고, 시애틀에서 게이츠가 다닌 학교는 특이하게도 초창기 텔레타이프 컴퓨터에 접속할 수 있는 행운을 누리고 있었다. 테크놀로지에 대한 몰두뿐만 아니라 둘 모두 비즈니스 전략에도 상당한 관심을 가졌다. 이런 초기 경험을 감안하면 그들을 유명하게 만든 기업을 창업했을 때 두 사람은 이미 최소 10년 이상의 경력을 갖춘 셈이다.

언뜻 보기에는 변종처럼 여겨질지라도 젊은 컴퓨터 천재들은 사이먼과 체이스, 에릭손, 헤이스가 이야기한 내용, 다시 말해 리드 타임과 성공의 법칙은 절대로 깨지지 않는다는 사실을 입증하고 있다. 놀라운 천재처럼 보이는 이들이라 해도 자세히 들여다보면 이른 성공을 거두기 전에 오랜 리드 타임을 보냈으며, 일반적으로 커리어에 일찍 발을 내디딜수록 빠르게 성공을 거둔 것을 알 수 있다.

덧붙여 다음에 살펴볼 것처럼 테크놀로지에서의 성공도 고등학교를 벗어나기가 무섭게 시작되어야 한다는 주장 또한 하나의 신화에 불과하다.

포텐이 언제 터질지 누가 알겠는가?

브린, 페이지, 델, 게이츠와는 대조적으로 래리 엘리슨Larry Ellison의 양육 환경은 성공을 위한 밑받침과는 거리가 멀었다.

생모가 양육을 포기했기 때문에 엘리슨은 시카고에 사는 이모할머니 집에서 자라게 되었다. 이모할머니 릴리언은 그를 무척 아껴주었지만 그녀의 남편 루이스는 상당히 심술궂은 사람이었고 엘리슨에게 늘 별 볼 일 없는 사람이 될 거라고 악담하곤 했다. 고등학교를 졸업한 엘리슨은 일리노이대학교에 입학했지만 2학년 때 릴리언이 암으로 세상을 떠나자 상심한 나머지 결국 학교를 중퇴했다. 1년 뒤 캘리포니아의 시카고대학교에 들어가 물리학과 수학 수업을 들었지만 이번에는 한 학기 만에 학교를 그만두었다. 아무래도 루이스의 악담이 들어맞는 것 같았다. 그러나 시카고에서 잠시 시간을 보내는 사이, 엘리슨은 몹시 귀중한 기술 한 가지를 배우게 된다. 바로 컴퓨터 프로그래밍이었다.

그는 캘리포니아로 옮겨가 샌프란시스코에서 프로그래머로 일하기 시작했다. 샌프란시스코를 선택한 이유는 "온갖 흥미로운 사람들이 있었던 곳"이기 때문이었다. 그러나 20대 내내 그는 별다른 인상을 남기지 못한 채 한 회사에서 다른 회사로 이직을 반복했다. 스티브 잡스나 빌 게이츠처럼 화려하게 〈타임Time〉지에 실리고도 남았을 나이에, 엘리슨은 데이터 백업 작업을 하느라 야근이나 주말 근무를 하고 있었다.

그는 버클리의 한 직업소개소에서 첫 번째 아내 애더를 만났다. 결혼 후 그는 멀리 하이킹이나 보트 여행을 가는 등 수입보다 많은 돈을 지출하기 일쑤였다. 엘리슨이 30세 되던 1974년, 애더는 그의 빚과 집중력 부족에 지쳐 이혼을 청했다. 아내를 설득하기 위해 그는 상담사를 만나는 데 합의했고 이 경험을 통해서 변화된 남자가 된 것 같았다. 그는 그녀에게 백만장자가 되겠다고 약속했지만 그녀는 그럴 가망성이라고는 눈곱만큼도 보지 못했다.

이즈음에 엘리슨은 '오라클Oracle'이라는 암호명으로 CIA에 데이터베이스를 구축해 주는 암펙스Ampex 회사의 프로그래머로 일하고 있었다. 그 당시 그는 복잡한 데이터를 실제적이고 실용적으로 활용할 수 있게 해주는 관계형 데이터베이스라는 아이디어에 흥미를 느꼈다. 어느 날 습관처럼 〈IBM 저널 오브 리서치 앤 디벨롭먼트IBM Journal of Research and Development〉를 뒤적이던 그는 IBM에서 일하는 컴퓨터 과학자 테드 코드가 쓴 논문을 보았다. 회사가 관계형 데이터베이스를 개발해 출시 날짜도 정해졌지만, 새로운 소프트웨어가 현재의 데이터베이스 매출을 잠식하리라는 걱정이 대두되면서 프로젝트가 늦춰졌다는 내용이었다. 그러나 엘리슨은 새로운 타입의 데이터베이스의 잠재력에 매료되었고, 컨퍼런스에서 집어 온 문서에서 그 제작법을 실질적으로 베끼다시피 했다. 암펙스의 상관 봅 마이너와 동료인 에드 오츠와 함께, 엘리슨은 IBM보다 먼저 시장에 상품을 내놓겠다는 목표로 속도를 냈다.

이렇게 해서 유명한 오라클 데이터베이스의 최초 버전이 나왔다. 널리 알려진 대로 초기에는 불안정하고 작업도 까다로웠지만 그 계통에서는 단연 최상이었다. 얼마 지나지 않아 사업체와 각 단체 데이터베이스의 근간이 되면서 수요는 폭발적으로 늘어났다. IBM의 위계적인 데이터 프로세싱 모델보다 한참 앞선 오라클의 시스템은 눈 깜짝할 사이의 지능적인 답변을 제공해 주었다. 자신의 약속대로 래리 엘리슨은 백만장자가 되었을 뿐만 아니라 회사 보유 주식을 통해 세계 부유층 대열에 합류했다. 컴퓨터 쪽에서는 빌 게이츠 바로 다음가는 부자가 된 것이다.

엘리슨이 2천 달러를 투자해 친구들과 함께 회사를 차렸을 때는 33세였다. 마이너는 36세였고 오츠는 31세였다. 게이츠, 델, 브린과 페이지가 이미 오래전에 회사를 차려 억만장자가 되었을 나이에 엘리슨, 마이너와 오츠는 암펙스의 사무실에 앉아 회사에 대한 불평을 늘어놓는 중이었다. 엘리슨은 자기가 뭘 할 수 있을지 보여주겠다고 오랫동안 큰소리를 쳤지만 대부분의 사람들은 그를 허풍쟁이로 여겼다. 재능 있는 프로그래머들이기는 해도 마이너와 오츠는 특출한 야망을 보인 적도 없었다. 그들이 한 그 어떤 프로젝트도 그때까지 별 재미를 보지 못했던 것이다.

현대 컴퓨터의 위대한 커플인 애플의 스티브 잡스와 스티브 워즈니악, 빌 게이츠와 폴 앨런에 대해서는 다들 잘 알고 있지만 엘리슨의 조력자로서 일한 마이너의 막대한 역할은 그다지 알려져 있지 않다. 홀쩍 큰 키에 사교성 넘치는 엘리슨이 밖으로 나가 회사를 알리는 사이 땅딸막한 대머리 마이너는 사무실에 틀어박혀 실제로 상품을 만들고 다듬는 역할을 맡았다. 엘리슨과 마찬가지로 마이너는 20대에 다양한 회사에서 프로그래머로 일하다가 유럽에서 3년을 체류했는데 그때까지 그가 주관한 어떤 프로젝트도 큰 성공을 거두지는 못했고, 30대 중반 엘리슨을 만났을 때 그는 여전히 중간관리자였다. 그러나 1986년 오라클이 공개되었을 때 그는 적어도 3억 달러의 수익을 얻었다. 이란에서 이주해 온 호텔 직원의 아들로서는 정말 엄청난 액수였다. 그의 이야기 역시 짚고 넘어갈 가치가 충분하다. 엘리슨과 더불어 테크놀로지 세계에서 뭔가 위대한 일을 하려면 22세를 넘지 말아야 한다는 전통적인 믿음에 반하는 인물이기 때문이다.

지미 웨일스와 크레이그 뉴마크의 사례도 살펴보자.

웨일스는 대학에서 강의하고 금융계에서 일하며 20대를 보냈으며, 30세에 성인 콘텐츠를 제공하는 검색엔진 보미스Bomis를 설립했다. 여기서 나온 자금으로 그는 온라인 동료 평가peer-review 백과사전인 누피디아Nupedia를 시작했다. 그러나 새로운 글을 다루는 데 어려움을 겪으면서 사용자가 직접 콘텐츠를 올리고 관리하는 '위키wiki' 시스템을 도입하게 되었다. 포르노 수익의 산물인 누피디아가 오늘날 가장 유명한 비영리 웹사이트 위키피디아Wikipedia를 탄생시킨 것이다. 이것이 빛을 보았을 때 웨일스는 35세였다.

대학에서 크레이그 뉴마크는 컴퓨터 과학에서 두 개의 학위를 땄다. 그 이후로 17년 동안 보카러턴과 워싱턴 DC의 IBM에서 PC와 Unix 개발과 관련한 일을 했다. 그다지 별 볼 일 없던 뉴마크는 1995년 한창 부상하는 인터넷과 관련해 찰스 슈왑의 컨설턴트로 일하려고 샌프란시스코로 이주했다. 래리 엘리슨과 마찬가지로 멋진 장소에서 살겠다는 단순한 동기를 담은 이주였다. 무엇인가 하고픈 마음은 있었지만 샌프란시스코에서 일어나는 일들에 대해 친구들에게 알리는 메일링 리스트mailing list를 시작하는 것밖에는 생각해 낼 수가 없었다. 그러나 이 지극히 간단한 로컬 서비스는 인기를 끌기 시작했고 사람들은 '크레이그 리스트'에 오른 일자리와 아파트에 대해 글을 올리고 정보를 교환하고 싶어 했다. 얼마 지나지 않아 Craigslist.org는 미국의 다른 도시들까지 확장되었다.

크레이그 리스트가 실제로 시작된 때의 뉴마크는 43세였다. 그때조차도 그는 계속해서 소프트웨어 하도급업자로 일하고 있었고, 돈을 벌기 시작한 1999년에야 풀타임으로 옮겼다. 뉴마크의 개인용 컴퓨터로 운영되던 크레이그 리스트는 다른 도시로 확장되면서 서버를 구입할 필요가 생겼다. 지금 회사는 50명의 직원을 고용하고 이윤을 내고 있지만 그 사이트는 여전히 트레이드마크인 지극히 기본적인 레이아웃을 그대로 유지하고 있다. 그리고 50대가 된 뉴마크가 여전히 책임을 맡고 있다.

트위터의 공동 발명가이자 창립자 중 한 명인 잭 도시는 트위터를 론칭했을 때 30세였지만 그는 자신을 그 자리에 있게 한 여정에 대해 이렇게 말한다.

"밖에서 보는 것과는 달리 이런 단순한 테크놀로지라 해도 하룻밤 사이에 생겨날 수는 없다. 1년에서 3년 정도 걸린 것처럼 보여도 사실 엄청난 노동과 어이없는 실수와 잘못된 시작, 한밤중의 광적인 영감, 그리고 끈질기게 걸러내는 과정들을 거친 15년 이상의 시간이 딸려 있다."

《아웃라이어: 성공의 기회를 발견한 사람들Outliers: The Story of Success》 저자인 말콤 글래드웰은 컴퓨터계의 스타들에 초점을 맞추어 행운과 성공 사이의 관계를 해석했다. 빌 게이츠와 스티브 잡스 같은 비범한 인물의 성공이 그들의 명석함이나 기회 포착에만 기인한 것이 아니라 '적당한 때에 태어난 결과'라는 내용이다. 예를 들어 게이츠와 파트너 폴 앨런, 그리고 잡스는 모두 1955년에 태어났고 구글의 전 CEO 에릭 슈미트도 마찬가지이다. 선 마이크로시스템Sun Microsystems의 창립자 빌 조이는 1954년에 태어났으며, 다른 창립자들은 모두 1954년이나 1955년에 출생했다.

글래드웰은 컴퓨터계에서 성공하려면 반드시 이때 태어나야 한다고는 하지 않았지만 1950년대 중반에 세상에 나왔다면 프로그래밍 습득과 관련한 기회를 살리기에 완벽한 시기를 맞았을 것이라고 이야기한다. 그보다 일찍 태어났는데 재능이 있다면 IBM이 낚아채 가서 메인프레임 컴퓨터 일을 하게 되었을 공산이 크고, 몇해 뒤에 태어났다면 소프트웨어와 개인용 컴퓨터 혁명의 중요한 부분을 놓쳤을지도 모른다는 것이다.

글래드웰은 그의 책에 특정한 탄생 연도와 놀라운 부 사이의 연관을 지적하기 위해 게이츠를 비롯한 미국인 소프트웨어 억만장자들을 포함해 가장 부유한 사람들의 명단을 실어놓았다. 그 리스트에는 래리 엘리슨이 포함되어 있지만 글래드웰은 그에 대해서는 논하지 않았다. 아마도 1955년이라는 '행운의 해' 언저리가 아니라 1944년이라는 '너무 이른' 시기에 태어나 논제에 들어맞지 않았기 때문일 것이다.

이처럼 과연 '시대'가 그렇게까지 인간의 행동을 규정할 수 있는 것일까? 엘리슨과 마이너는 개인용 컴퓨터 혁명을 놓쳤을지는 몰라도 그들의 타이밍은 다른 것, 다시 말해 데이터베이스는 최적이었다. 엘리슨의 전기 작가 마이크 윌슨이 지적한 대로, 엘리슨은 적당한 때에 적당한 곳에 있었을 뿐이며, 그가 한 일이라고는 좋은 아이디어를 찾아서 그대로 실행한 것뿐이라고 생각하는 사람이 적지 않다. 하지만 일의 결과를 문서로 발표하는 실수를 저질렀기 때문에 IBM의 관계형 데이터베이스에 대해 아는 사람은 한둘이 아니었다. 새로운 종류의 데이터베이스가 광대한 상업적 가능성이 있다는 것을 알아본 사람은 엘리슨이 유일했다. 엘리슨은 윌슨에게 이렇게 말했다.

"엄청난 가능성이 없는 때나 장소가 과연 있을 수 있을까요?"

바로 그것이다. 한 번의 혁명을 놓치더라도 또 다른 혁명이 일어나기 마련이다.

이러한 점에서 마이클 델도 언급할 가치가 있다. 1965년생인 델은 사실 부상하는 개인용 컴퓨터와 소프트웨어 혁명에 중요한 역할을 하기에는 '너무 늦은' 셈이지만 그렇지 않았다. 마찬가지로 높은 영향력을 지닌 다른 기회가 찾아온 것이다. 바로 우편 주문으로 컴퓨터 하드웨어를 파는 거대한 시장이었다.

한 사람의 운을 특정한 출생 연도와 연결하게 되면 정작 지금 일어나는 일에는 눈멀게 할 위험이 있다. 엘리슨과 마이너는 자신들의 진가를 인정받지 못한다고 불평했을지는 몰라도 '이미 배를 놓쳐버렸다'며 패닉에 빠지지는 않았던 것이다.

더욱이 엄청난 기회라 할지라도 당시에는 그 가치를 알아채지 못할 수 있다. 지미 웨일스도, 크레이그 뉴마크도 자신들의 기업이 성공을 거두리라고는 확신하지 못했다. 위키피디아 초창기에 웨일스는 새로이 뭘 추가해야 할지를 두고 끊임없이 걱정했지만 어쨌든 밀어붙이기로 결심했다.

당신은 테크놀로지 세상에서 하나의 기준처럼 들어온 '22살에 로켓처럼 떠올라 뒤도 돌아보지 않는' 궤적을 따를 필요가 없다. 어마어마한 지식이나 나폴레옹류의 야망을 품을 필요도 없다. 지켜보고 기다리고 배우면 성공은 놀라운 방식으로 다가온다. 역시나 말끔하게 맞아떨어지는 커리어를 가질 필요도 없다.

잠깐 스티브 잡스의 이야기를 살펴보자. 그는 적절한 해(1955년)에 태어났지만 엘리슨과 마찬가지로 미혼모에게서 태어나 다른 집에 입양되었다. 그의 양부모는 전기공학에 대한 아들의 열정을 격려해 대학에 보내주었다. 그는 서예와 철학 수업에 흥미를 느꼈지만 인도 여행을 떠나기 위해 중퇴했다. 여행에서 돌아온 21세의 잡스는 부모의 차고에서 친구 스티브 워즈니악과 함께 애플 컴퓨터를 시작했다. 그들은 애플1과 애플2 컴퓨터를 출시했고, 25세 무렵 잡스는 2억 달러의 몸값을 자랑하고 있었다. 26세에는 〈타임〉지 표지를 장식했다.

이른 성공의 놀라운 사례 아닌가! 하지만 잡스는 곧 형편없는 회사 운영과 인사 관리 탓에 자신의 회사에서 축출되어 기나긴 황량한 기간을 보낼 수밖에 없었다. 그 사이에 잡스는 픽사Pixar를 포함한 몇몇 회사를 창업했다. 성공적이기는 했지만 몇 해가 지나 현명해져서 애플로 돌아왔을 때야말로 그는 진정한 잡스가 되어 있었다. 이 귀환은 현대의 멋진 비즈니스 전설로, 무척 교훈적이기도 하다. 다듬어지지 않은 재능은 인성이 따라야만 빛을 발한다는 교훈이다. 잡스는 젊은 나이에 화려하게 떠올랐지만 아이팟, 아이폰, 아이패드라는 불후의 창조물들은 한층 나이 든 다음에 나온 것들이었다.

압도적 결과를 만드는 평범한 시간들

영화평론가 조 모건스턴이 산타모니카의 한 레스토랑에서 아침을 먹다 우연히 젊은 시나리오 작가인 둘의 대화를 엿듣게 되었다. 한 사람이 자신이 투고할 영화에 대해 이야기하고 있었다.

"마치 '킬 빌'과 '나폴레옹 다이너마이트'가 만난 것 같아."

모건스턴이 아는 다른 시나리오 작가들도 이런 식의 '원형 그래프'를 좋아했다. 예를 들어《웨딩 싱어》3분의 1에《웨딩 크래셔》3분의 2라는 식으로. 이와 같이 다른 작품에 비교해 새로운 영화를 파는 방식은 할리우드 영화 제작의 폐단을 여실히 보여주는 것이라고 모건스턴은 지적한다.

> "오늘날 대다수의 감독들이 현실에 대해 아는 바가 없고 관심도 없다. 그들의 영화는 다른 영화에서 파생된 것일 뿐이다. 당장은 영리한 방식 같아도 장기적으로 손실이 클 수밖에 없다."

모건스턴은 훌륭한 영화를 살펴보면 거의 모든 영화가 "세속적인 것에서 벗어나 단순히 영화를 만드는 것 이상의 일을 한 사람"들의 산물이라는 것을 알 수 있다고 이야기한다. 아닌 게 아니라 세속적인 것은 한때 할리우드에서 성공의 척도였다. 빌리 와일더(《이중 배상》,《선셋 대로》,《아파트 열쇠를 빌려드립니다》)는 처음에 고향인 오스트리아와 그다음 베를린에서 기자로 일했고, 할리우드에 오기 전에는 파리에서 살았다. 20대 초반, 존 휴스턴(《말타의 매》,《아프리카의 여왕》)은 할리우드에서 시나리오에 손을 댔지만 아무 성과를 거두지 못했다. 그 후 런던과 파리에서 몇 해를 지내며 그림을 그리다가 31세에 할리우드로 돌아왔다. 프레스턴 스터지스(《위대한 맥긴

티》)는 성공적인 작가가 되기 전 가족 화장품 회사에서 일했고 한참 후에야 영화에 손을 댔다. 조지 밀러(《이시트윅의 악녀들》,《해피 피트》)는 첫 번째 장편 영화《매드 맥스》를 만들기 전 오스트레일리아에서 의사로 일했다. 존 부어맨(《희망과 영광》)은 원래 기자였고, 페드로 알모도바르(《내 어머니의 모든 것》)는 스페인의 한 전화회사에 근무했다. 로버트 올트먼(《숏 컷》,《전투》)은 제2차 세계대전 때 폭격기 조종사였고, 개에게 문신하는 시스템을 개발한 회사에서 일하기도 했으며, 그 뒤 상업 영화를 만들기 전에는 교육과 산업 영화를 상당수 만들었다. 데이비드 린(《아라비아의 로렌스》,《인도로 가는 길》) 같은 거장도 영화감독의 기회를 얻기 전에 10년 넘게 편집자로 일했다.

위대한 영화는 시나리오 작가와 배우, 감독, 프로듀서의 통찰력과 삶의 경험이 결합하여 탄생한다. 이런 영화들은 다른 영화가 아니라 삶에 대해 무언가를 말한다. 그러니 어느 정도 삶을 살아보지 않았다면 무슨 말을 할 수 있겠는가. 첫 번째 작품《더블린 사람들》을 몇 년이나 출간하지 못했던 제임스 조이스에게 누군가《율리시스》를 쓴 손에 입을 맞출 수 있냐고 물었다. 조이스는 메마른 말투로 대답했다. "아니요, 이 손은 그것 말고도 다른 일들을 많이 해왔습니다."

시간이 흐르면 진실은 드러난다. 그것은 남들이 알아봐 주지 않거나 반대에 직면해도 자신의 소신을 고수하는 사람들을 인정한다. 또한 한때는 천하무적이면서 어디에나 얼굴을 들이미는 것처럼 보였던, 이제야 장점이 제대로 평가될 수 있는 사람들을 적합한 위치에 앉힌다. 재능이나 기술, 사람들을 이끌어내고 지휘하는 능력 측면에서는 아무리 뛰어나거나 특출하다고 해도 부족할 판이다. 자신이 가진 잠재력의 최대치에 이른 사람에게는 성격적 결함을 바로잡으려는 자기반성 능력이나 의지가 있어야 한다. 자기반성은 빠른 성공의 속성과 양립하지 않는다. 그러나 천천히 익는 진정한 성공과는 반드시 양립하게 되어 있다.

달콤한 조기 성공을 경계하라

이른 나이에 소위 '히트'를 친 사람은 늘 탄탄대로를 걸을 것처럼 보이지만, 창조적인 분야에서는 어떤 예측도 불가능하다.

25세의 어린 나이에 윌리엄 스타이런은 《어둠 속에 누워Lie Down in Darkness》로 아메리칸 아카데미의 프리드롬Prix de Rom을 수상하면서 하루아침에 문학계의 샛별로 떠올랐다. 성공에 고무된 스타이런은 파리로 옮겨가 로맹 가리와 제임스 볼드윈과 교류했으며, 전설적인 〈파리 리뷰Paris Review〉를 창간하는 데 일조했다. 미래는 창창하게만 보였다.

그러나 스타이런이 다음 작품인 《이 집에 불을 붙여라Set This House on Fire》를 출간하기까지는 거의 10년이 걸렸고 평단의 평도 썩 좋지 못했다. 사실 비평가들은 혹평을 퍼부었다. 교훈을 얻은 스타이런은 다음 작품인 허구의 비망록《냇 터너의 고백The Confessions of Nat Turner》에는 수년의 시간을 들여 조사를 하고 초고를 쓰고 완벽을 기했다. 이 책은 엄청난 논란을 일으키며 상업적으로 대성공을 거두었고, 퓰리처상까지 받았다. 첫 작품의 성공 이후 '가능성'에 그친 오랜 세월을 보낸 뒤 스타이런의 재능은 비로소 42세의 나이에 빛을 발하게 되었다. 또다시 12년이 지나 50대 스타이런은《소피의 선택Sophie's Choice》을 출간했고, 이 책은 수백만 부가 팔려 나갔으며 메릴 스트립이 주연을 맡아 영화화됐다.

"현명하게 천천히. 빨리 달리는 사람은 넘어지기 마련이다"라고 셰익스피어는 말했다. 초기의 성공은 과도한 기대를 낳기 때문에 곧바로 충족되지 않으면 깊은 좌절로 이끌기 때문이다.

키스 어번은 돼지와 소를 키우는 오스트레일리아 퀸즐랜드의 작은 농장에서 자랐다. 부친은 컨트리음악을 사랑했고 맏아들도 마찬가지였다. 1992년, 25세의 어번은 오스트레일리아의 가장 큰 컨트리음악 축제인 탬워스 페스티벌의 경연에서 우승을 차지했다. 이를 시작으로 그는 음반을 내는 족족 높은 판매고를 기록했고 뮤지션으로서 그의 성공은 보장된 것이나 다름없었다.

어번은 미국 시장에서도 성공하기를 바라며 1992년에 미국으로 이주했다. 세션 기타리스트 일과 거리공연을 하던 그는 밴드〈더 랜치〉도 시작했지만 딱히 반응은 없었다. 상황은 그가 바라던 대로 되지 않았고 심지어 코카인에 중독되었다. 1998년, 갓 30세를 넘겼을 때에는 밑바닥까지 추락했다. 같은 오스트레일리아인 니콜

키드먼이 영화배우이자 톰 크루즈의 아내로 최고의 유명세를 누리고 있을 때 어번은 내슈빌 재활 센터에서 사투를 벌이고 있었다.

다시 기운을 내 이듬해 그는 미국에서 내는 첫 번째 솔로 앨범 '키스 어번'을 발표했다. 이 앨범은 플래티넘 앨범이 되었고 어번은 솔로 컨트리음악 스타로서 각광받게 되었다. 몇 해 뒤에 그는 키드먼과 결혼했다. 두 사람은 지금 두 딸과 함께 내슈빌에 살고 있다. 이 이야기가 우리에게 말해주는 것은 무엇인가?

경연에서 우승했을 때 대부분의 사람들은 어번의 앞날이 '탄탄대로'라고 생각했다. 그러나 그것은 한낱 시작에 불과했다.

캐나다에서 태어난 고등학교 중퇴자 피터 제닝스는 커리어 초창기에는 미국 미디어 세계의 아웃사이더일 뿐이었지만 고작 26세에 ABC의 저녁 뉴스 앵커가 되었다. 앵커는 보통 중후한 분위기의 중년 남자가 맡게 마련이었지만 제닝스는 세련되고 잘생긴데다 진지했기 때문에 오래도록 자리를 맡기에 적절한 후보로 여겨졌다. ABC는 규모가 큰 CBC와 NBC에 비해 밀리는 상황이어서 보다 젊은 시청자를 겨냥하고 있었다.

하지만 어디까지나 이론일 뿐이었다. 미국 시청자들은 그의 캐나다 억양과 어법, 그리고 미국 내 정황에 무지해 보이는 모습을 받아들이려 하지 않았기에 제닝스는 얼마 못 채우고 앵커직에서 물러났다. 중동으로 간 제닝스는 베이루트에 텔레비전 뉴스 사무소를 차렸고, 1975년에 미국으로 돌아와 ABC에서 아침뉴스 앵커로 일하다 1983년 45세의 나이에 마침내 저녁 뉴스 앵커 자리를 되찾았다. 그 뒤 자리를 20년 동안 지켰고 톰 브로코, 댄 래더와 더불어 3대 앵커 중 한 사람이 되었다.

제닝스가 일찍 앵커라는 '상'을 받은 때는 스타이런과 어빈이 초기에 성공한 것과 비슷한 시기였다. 그들과 마찬가지로 그는 이른 시기의 성공이 축복임과 동시에 독이 될 수 있다는 것을 알게 되었다. 어린 나이의 성공이나 보상은 "젊은 나이치고는 괜찮군"이라는 뜻에 불과하다. 성공의 질을 제대로 증명하려면 오랜 시간이 걸릴 수밖에 없다.

성공의 보편 법칙을 증명할 때 로큰롤도 예외가 아니다. 1980년대의 대부분 기간 동안 록 밴드 R.E.M.은 적은 보수를 받으면서 미국 전역을 다니며 꾸준히 공연했다. 대학 순회공연에서는 인기가 높았지만 여전히 언더그라운드 밴드였다. 그러다가 1987년, 엄청난 히트를 기록한 '더 원 아이 러브The One I Love'가 수록된 《도큐먼트Document》 앨범이 나왔다. 워너브라더스와 계약한 이듬해에는 《오토매틱 포 더 피플Automatic for the People》 앨범으로 강력한 정치적 관심사를 표명했다. '루징 마이 릴리전Losing My Religion' 같은 곡들이 대성공을 거두면서 그들은 전 세계를 돌며 공연하는 밴드가 되었다.

밴드의 설립 멤버인 피터 벅은 15세까지는 무대에 서거나 기타를 만진 적이 없었다. 대신 그는 자신이 선택한 분야의 성공과 실패의 패턴을 연구했다. 그가 관찰한 결과는 예를 들어 앨범에 멤버의 얼굴을 싣지 않는다거나 광고에 노래를 쓰지 않는다는 식으로 운영 방식을 결정하는 데 도움이 되었고, 결국은 원하는 만큼 장수하는 밴드가 될 수 있었다.

소규모 공연으로 어떻게든 승부를 보려 애쓰던 초창기에, 이들은 고작 하루 5달러로 연명했다. 일찍 스타덤에 오르는 것과는 반대로 천천히 무르익는 성공에 대해 리드싱어인 마이클 스타이프는 이렇게 언급했다.

"첫 앨범이 500만 장 팔렸다면 저는 현재 살아 있지도 못했을 겁니다. 당시 전 모든 것을 극단적으로 했어요. 자기 파괴적인 상태이기도 했죠. 그때 엄청난 성공이 찾아왔더라면 극도로 위험해졌을 겁니다."

일찍이 영예로워 보일 법한 것들을 이룬다고 해도 실제로는 애피타이저에 불과할 수 있다. 시간에 걸쳐 인정을 받는 것은 결코 나쁜 일이 아니다. 마침내 인정받게 되었을 때 더욱 잘 다루고 유지할 수 있을 것이므로.

우연은 준비된 자에게만 오는 행운이다

창의성 연구가 미하이 칙센트미하이는 자신의 분야에서 높은 창조성을 보이며 성공을 거둔 다수의 개인을 인터뷰한 뒤 한 가지 사실을 알게 되었다. 우선 자신이 속한 분야의 규칙을 숙지하고 필요한 테스트를 모두 통과하지 않고서 진정으로 창의성을 발휘하는 경우는 거의 없다는 것이다. 이것은 최소한 10년이 걸리는 과정이다. 다시 말해 '한 가지 영역을 마스터'하고 난 다음에야 비로소 어떤 일을 하는 새로운 방식이나 규칙을 만들어낼 수 있는 것이다.

우리는 '브레인스토밍' 같은 테크닉을 믿기 좋아하지만 진정으로 창의적인 돌파구는 언제나 몇 해에 걸친 성실한 노력과 고도의 집중력의 결과라고 칙센트미하이는 말한다. 많은 창조적 발전, 특히 과학의 발전은 행운의 결과인 경우가 적지 않다. 하지만 이 '행운'이란 그 발견이 이루어진 분야에서 몇 해에 걸친 세심한 작업 뒤에야 비로소 따르는 것이다. 그는 일부 은하계의 항성들이 같은 방향으로 회전하지 않는다는 것, 즉 일부는 시계 방향으로, 일부는 반시계 방향으로 돈다는 것을 밝혀낸 천문학자 베라 루빈Vera Rubin에 대해 이야기한다. 만약 그녀가 보다 선명한 새로운 종류의 스펙트럼 해석에 접근할 수 없었더라면 그러한 발견은 불가능했을 테고, 그 접근 자체도 오랜 세월 그 분야에 실질적인 공헌을 했기 때문에 가능한 일이었다.

루빈에게 처음부터 '엄청난 발견을 하려는' 계획이 있었던 것은 아니다. 오히려 그녀의 발견은 별을 집중 관찰하고 일을 사랑한 결과였다. 그녀의 목표는 데이터를 기록하는 것이었지만 그 놀라운 발견을 낳은 것은 그녀의 헌신이었다. 진정으로 창의적인 사람들은 일 자체를 위해 일하며 공적인 발견을 하거나 유명해진다고 해도 그것은 보너스일 따름이다. 날마다 그들은 칙센트미하이가 '몰입 flow'이라고 명명한 것, 다시 말해 일에 완전히 빠져 있는 동안 시간이 정지한 듯한 경지를 경험한다. 그들을 고무시키는 것은 예전에는 없던 곳에서 새로운 질서를 찾거나 발견하려는 열망이다.

로빈 워런Robin Warren의 사례도 비슷하다. 워런은 2005년 소화성 위궤양이 스트레스나 산성, 혹은 자극이 강한 식품 때문이 아니라 박테리아 때문에 발병한다는 것을 증명한 오스트레일리아인 의사들 중 한 명이다. 1979년 40대 초반의 나이에 워런은 로열 퍼스 병원의 병리학과에서 위 생검 조직을 분석하며 일하고 있었다. 어느 날 현미경으로 염증이 심한, 대개는 궤양의 전조인 위내 세포를 들여다보던 그는 수백만 마리의 박테리아가 자라고 있는 것을 보고 깜짝 놀랐다. "원래는 거기에 있을 리가 없는 것이었다"라고 그는 회상한다. 그는 열성적으로 개발한 염색법을 통해 위염이 있는 환자 장에는 모두 나선형의 헬리코박터 박테리아가 있다는 것을 밝혀냈다. 이 발견으로 알 수 있는 것은 분명했다. 궤양은 헬리코박터균에 반응해 생기는 것이기 때문에, 궤양을 치료하려면 전통적인 방법대로 제산제를 투여할 것이 아니라 항생제와 화학원소 비스무트의 혼합을 통해 박테리아를 죽여야 한다는 것이었다. 현존의 치료법을 포기하려면 상당히 많은 것을 잃게 되는 만큼 의학계와 제약회사가 이 발견을 받아들이기까지는 몇 년이 걸릴 수 있었다. 그리고 실제로도 그랬다.

루빈과 새로운 스펙트럼 해석에 대한 접근법이 그러했듯이,

워런 역시도 향상된 생검법이 없었더라면 이러한 발견을 이룰 수 없었을 터였다. 환자의 목에서 위까지 밀어 넣을 수 있는 연성내시경을 통해 조직 샘플을 채취하는 이 방식은 워런의 커리어가 시작된 뒤 한참 후에야 가까스로 실용화되었다. 그는 현미경 슬라이드염색법과 이생검법을 결합했고 마침내 헬리코박터 균이 위염과 궤양의 발생 사이의 '잃어버린 고리'임을 밝혀낼 수 있었다. 이제 워런은 자문한다.

"내가 박테리아를 발견한 것이 뛰어난 연구 덕분이었을까? 그저 행운은 아니었을까? 적절한 시기에, 적절한 장소에서, 적절한 관심을 갖고 있던 적절한 사람이 바로 나였을 뿐이라는 생각이 든다."

겸손한 자세에도 불구하고 루빈의 발견과 마찬가지로 그의 발견은 오랜 세월 세밀한 관찰의 결과였다. 젊은 과학자였다면 오랜 시간 그가 밟았던 모든 단계를 흔쾌히 밟아 같은 발견을 해낼 수 있었을까? 경험이 우리에게 주는 것은 변칙, 다시 말해 '거기에 있을 리가 없는 것'을 찾는 눈이다. 워런의 발견이 관습적인 의미의 '창의적'인 것이라고 할 수 없지 않냐고 반문할지도 모르지만, 우리의 모든 주의와 집중, 독창성을 필요로 하는 일은 마땅히 창의적이라 부를 수 있다.

워런은 '한 영역을 마스터'한 사람이었다. 진정한 변화를 창조

111

하려는 사람이라면 누구나 규칙을 모두 받아들이고 필요한 기술을 배우는 등 먼저 자신의 분야에 통달해야 한다. 그러고 난 뒤에야 이 규칙을 이리저리 굽히고 깨고 하면서 뭔가 새로운 것을 창조해 한 획을 그을 수 있게 되는 것이다. 자신이 선택한 주제에 관한 거대한 정보의 정신적 데이터베이스를 갖추고 있어야 새로운 영역으로 솜씨 좋게 옮겨가거나 참신한 연계를 만들 수 있다. 요약하자면 새로운 일을 하기 위해서는 우선 현재 일을 잘 해내야 한다. 그리고 이 것은 몇 주, 혹은 몇 달 만에 이루어지는 일이 아니다.

물론 중대한 발견이나 창조에서 우연의 역할을 무시할 수는 없지만 '우연'은 상대적인 용어이다. 마리와 피에르 퀴리는 라듐을 발견했지만, 두 사람이 다른 원소들과 그 속성에 대해 해박한 지식이 없었다면 불가능한 일이었다. 자신들이 연구하는 미네랄이 이미 알려진 구성 원소들을 기준으로 보았을 때 지나치게 방사능이 많다는 것을 깨닫고 라듐을 발견할 수 있었던 것이다. 퀴리 부부의 발견은 자신이 하는 일을 속속들이 알았을 때에만 가능한 '우연적인' 발견이었다. 루이 파스퇴르가 지적한 대로 "우연은 준비된 자를 선호하게 되어 있다."

Peak Message	그 어떤 일도 잠복기는 길게 마련이다

'하룻밤 사이의 성공'은 사람들이 흔히 바라보는 시각이지만, 사실 싹이 틀 때까지 오랜 시간이 걸린 뒤에 갑자기 봉오리를 터뜨리는 것일 뿐이다. 아이디어 구상은 늘 오래 걸린다. 그러나 아이디어가 실제로 표현되는 것은 비교적 빠르게 이루어질 수 있다. 이는 보통 목적이 선명해질 때 나타난다. 어느 쪽이든 시간이 줄어들 수야 있지만 결코 지름길로 통할 수 없다. 다양한 경험에 노출되거나 더 집중적으로 기술을 훈련할 수 있어도, 리드 타임과 인성 단련을 무시한 채 갈 수 있는 길은 아예 없다.

상대적으로 어린 나이에 조명을 받는 천재나 스타라는 사례가 하나라면, 훨씬 길고 느릿한 방법으로 가는 사람은 최소한 4~50명에 이른다. 물론 아이디어를 생각해 내고 그것을 실질적으로 채워나가기까지의 기간인 리드 타임의 법칙을 받아들이기는 쉽지 않을 것이다. 하지만 그 법칙을 깨달으면, 목표에 도달하기까지 시간이 너무 오래 걸린다고 앓는 소리를 하는 대신 오롯이 목표에 집중할 수 있다. 처음에는 리드 타임이 걸림돌로 여겨지다가 차츰 성공의 친구라는 사실을 느끼게 된다.

성공이 비로소 성공으로 보이거나 그렇게 느껴지는 것은 한참 뒤의 일이다. 처음부터 엄청난 후광이 비치는 경우는 좀처럼 드물다. 대부분의 사람들이 저지르는 실수는 완성된 형태의 성공을 머릿속에 그리면서 자신의 성과와 비교하는 것이다. 그러나 정작 우리가 비교해야 할 대상은 진정한 성공을 거두기 전에 그 사람이 어떠했는가다. 그들은 초창기에 무엇을 하고 있었는가? 아마도 돌파구가 나타날 때까지 별 볼 일 없는 일을 하거나 우리와 마찬가지로 하루하루 살아가려고 아등바등했을 가능성이 크다. "내 나이가 몇 살인데, 지금쯤은……" 같은 소리를 중얼거리고 있다면 우선 자신의 영역에 초점을 맞추고 그 안에서 지금 할 수 있는 것을 하자. 현재 처해 있는 상황에서 우선 모든 가능성을 충분히 살아본 뒤에야 우리가 전진을 한 것인지 아닌지 알 수 있는 법이다. 그것이 인생의 법칙이다.

사람들은 하룻밤 사이의 성공을 꿈꾸며 지름길을 찾으려 하지만 이는 부자가 되겠다고 로또를 어떻게 사야 할지 전략을 짜겠다는 것과 같다. 물론 이해할 만한 일이지만 더 나은 방법이 존재한다. 처음에는 리드 타임을 받아들이는 것이 우리가 가진 힘의 일부를 무턱대고 내어놓는 것처럼 보일지 모른다. 그러나 실제로는 그렇게 해야만 진정한 성취에 오를 수 있다.

리드 타임을
활용한 사람들

해리슨 포드는 20대 초반에 컬럼비아 픽처스에 고용되어 있었고, 영화와 텔레비전의 각종 단역으로 출연하기는 했지만 주된 수입원은 목수로 일하면서 받는 급여였다. 《청춘 낙서》에서 맡은 역할이 큰 경력이 되었어도 그의 경력이 본궤도에 오른 것은 할리우드에서 10년이 넘는 세월을 보낸 뒤, 35세에 출연한 《스타워즈》부터였다.

프랑스의 인상주의 화가 폴 고갱은 12년 동안 주식중개인으로 일하면서 여가 시간에 틈틈이 그림을 수집하다가, 30대 중반이 되어서야 미술에 헌신하기로 마음을 굳혔다. 초창기 잠깐 성공의 맛을 보기는 했지만 같은 프랑스인 화가인 테오도르 루소는 예술계의 트렌드가 되기까지 12년 동안 방황의 시기를 보내야 했다. 화가이자 군인 자비에르 드 매스트르는 이렇게 말했다.

"기다리는 법을 아는 것이 성공의 크나큰 비밀이다."

1872년에 태어난 피에트 몬드리안은 40대 후반인 1919년에 이르러서야 그의 아이콘인 색채 구성 작품을 만들어냈다. 프란시스 베이컨은 애초에는 인테리어 디자이너였고 친구들의 권고를 받아들여 순수미술 작품을 만들기 시작했다.

클로드 모네는 몇십 년 동안 화가로 작품 활동을 했지만 유명한 연꽃 그림은 노년이 되어서야 시작했다. 바실리 칸딘스키는 애초에는 모스크바에서 변호사 공부를 했지만, 후에 미술을 공부하러 뮌헨으로 갔다. 그림을 그리기 시작할 때 벌써 서른이 넘었고 추상미술의 첫 번째 작품으로 알려진 수채작품은 44세가 되어서야 나왔다.

모지스는 몇십 년 동안 자수를 했지만 70대가 되자 천식 때문에 자수를 그만두고 그림을 그리기 시작했다. 그녀의 그림 가격은 둘 중 하나였다. 작은 것은 3달러, 큰 것은 5달러. 어느 날 한 뉴욕 미술품 수집가가 어느 상점에 놓인 그녀의 그림을 보았고, 작품을 모두 사들여 '알려지지 않은 미국인'이라는 전시회에 포함시켰다. 곧 그녀는 미국의 가장 저명한 화가 중 한 명이 되었다. '모지스 할머니'로 알려진 그녀는 101세에 세상을 떠날 때까지 계속해서 그림을 그렸다.

2년마다 집적회로의 트랜지스터가 두 배로 늘어난다는 '무어의 법칙'의 고든 무어는 37세에야 거대 컴퓨터칩 기업 인텔Intel을 공동으로 창립했다. 앤디 그로브는 인텔의 초창기 고용인 중 하나였지만 50대에 CEO에 오르기 전까지는 그곳에서 자기만의 색을 발현하지 못했다.

얼 나이팅게일은 말했다.

"어떤 일을 완수하는 데 걸리는 시간에 대한 두려움이 그 일의
걸림돌이 돼서는 안 된다. 시간은 어쨌든 지나갈 것이고 우리
는 그 지나가는 시간을 가장 좋은 방법으로 쓰기만 하면 된다."

창조성이라는 꽃의 씨앗은 우리 모두에게 있을 수 있지만 그
씨앗은 노력이라는 흙에서 가장 잘 자라는 법이다.

20세기 가장 뛰어난 광고인 중 하나로 꼽히는 데이비드 오길
비는 옥스퍼드에서 퇴학당하고, 파리의 호텔 주방에서 노예처럼 일
했으며, 스코틀랜드에서 난로를 팔고, 펜실베이니아의 농장에서 일
했다. 일을 시작한 17년 동안 이외에도 많은 직업이 그의 시간을
잡아먹었다. 어떤 흔적조차 남길 수 없을 것 같았던 그가 광고의 전
설로 한 획을 그을 것이라 예측하기는 어려웠다.

스티븐 킹은 말했다.

"재능은 식탁 위의 소금보다도 값싸다. 결국 '얼마나 열심히 노
력하는가'가 재능 있는 사람과 성공하는 사람을 구분 짓는다."

데이비드 포스터 윌리스는 《창백한 왕The Pale King》에서 이렇
게 썼다.

"진정한 영웅의 자질은 몇 분, 몇 시간, 몇 주, 몇 해 동안 조용하고 정확하며 신중하게 신의를 지키고 행동하는 것이다. 아무도 봐주거나 환호하지 않더라도. 이것이 바로 세상이다."

공연이 끝난 직후 한 여성이 숨이 턱에 차서 한 거장 음악가에게 다가가 이렇게 말했다.

"당신이 오늘 한 것처럼 저도 연주할 수 있다면 제 인생의 절반을 바치겠어요."

그러자 음악가는 이렇게 대답했다.

"맞아요, 그게 바로 제가 한 일입니다."

오리슨 스웨트 마든은 이렇게 말했다.

"실제 삶을 들여다보는 사람이면 행운은 대게 부지런한 사람의 편이라는 사실을 알게 된다. 바람과 파도가 가장 뛰어난 항해사의 편이듯이."

아이작 뉴턴은 모두가 알고 있듯이 천재였다. 그러나 다른 사람들을 헷갈리게 하는 어려운 문제들을 어떻게 풀었는지 묻자 뉴턴은 간단하게 대답했다.

"그 문제들에 대해 많이 생각했으니까요."

근대적 설교가인 해리 에머슨 포스딕은 이렇게 썼다.

"증기나 가스는 갇히기 전까지 아무것도 움직이지 않는다. 집중하고 헌신하고 훈련하기 전에는 그 어떤 삶도 위대해질 수 없다."

자연주의자 레이첼 카슨은 미국 어업국에서 출판물을 간행하는 일을 하며 틈틈이 잡지에 글을 기고하곤 했다. 첫 번째 저서《해풍 아래에서Under the Sea Wind》는 몇 년의 시간을 들인 책이었고 평도 좋았지만 판매는 형편없었다. 7년 후 40대에 들어선 그녀는 안정된 일자리를 떠나 전업 작가가 되기로 결심했다. 다음 저서《우리 주변의 바다The sea Around Us》는 판매가 순조로웠다. 그러나 50대 중반의 나이에 그녀를 유명하게 만든, DDT 살충제가 생태계에 미치는 악영향에 관해 쓴 책《침묵의 봄Silent Spring》이 출간되기까지는 또다시 10년이 흘러야 했다.

소설《자유Freedom》에서 조너선 프랜즌은 자유가 언제나 훌륭한 것이라는 가정에 의문을 제기한다. 민주주의와 열린사회를 찬양하지만, 우리는 삶의 앞에 놓인 숱한 가능성을 두고서도 정작 무엇을 해야 할지 도무지 갈피를 잡지 못한다는 것이다. 의미 있는 삶을 살기 위해서는 우리는 스스로의 자유를 어느정도 제한해야 한다. 일과 사랑에서 중요한 책무를 지킨다면 '나만의 시간'은 줄어들지 몰라도, 그 영향력으로 말미암아 우리는 뭔가를 실제로 이루어내는 사람이 될 것이다.

CHAPTER

NEVER TOO LATE TO BE GREAT

40은 무엇이든 해도 된다

사람들이 성취하기 시작하는 특정한 나이를 연구하면서, 나는 40세를 전후한 시기의 중요성을 깨닫게 되었다. 인생에서 이 시점에 특별한 의미가 있는 것일까? 행동하게 만드는 상징적인 힘으로서 40이라는 숫자 자체에 어떤 무게가 실리는 것일까?

　　저서 《통로: 성인으로서 삶의 예측 가능한 위기들Passages: Predictable Crises of Adult Life》에서 게일 쉬히는 30대를 우리가 영원히 살지 못한다는 것을 깨닫게 되는 '데드라인 10년'이라고 묘사한다. '무엇이든 가능한' 20대를 살고 난 뒤 우리는 모든 대답을 갖고 있는지 의구심을 품기 시작한다. 우선순위를 정하고 집중할 대상을 좁히라는 압박을 받을 뿐만 아니라 스스로에 대한 확실성을 요구하게 된다. 30대로 들어서기 전까지는 세상에 드러내 보이는 '허상' 속에 존재할 수 있지만 40세가 가까워지면 진실이 드러난다. 그 과정에서 우리는 힘을 가진다. 인생에 대한 개인적인 환상을 떨쳐내는 것이 고통스러운 일이기는 하겠지만 그러는 사이에 엄청난 에너지가 나오게 된다.

스위스 심리학자 칼 융은 자연, 종교, 신화, 역사, 문화 등에서 4의 상징을 발견할 수 있다고 했다. 4계절, 4원소, 4가지 신체적 유머, 4복음서, 성스러운 신의 이름의 네 글자YHVH, 그리고 물론 40이라는 숫자 그 자체가 있다. 예를 들어 성서에서 황야에서 보낸 40일은 준비의 기간을 상징한다. 심리학적 의미로 융에게 '사위일체quaternity'는 2차원성을 대체해 한 사람에게 3차원성, 혹은 깊이를 부여하는 네 번째(10년)이다. 젊음과 중년 사이의 다리로서 40세를 전후한 나이는 특별한 중요성을 갖는다. 이때쯤 우리의 이면과 콤플렉스들은 더욱 강인한 하나의 개성으로 변화된 모습을 보인다. 융은 이 과정을 '자기화'라고 불렀다. 젊음이 외향과 성적 욕망에 연계되어 있다면, 중년의 시작은 훨씬 세밀한 자기반성과 성적 충동의 자제로 특징지어진다.

융의 사위일체에 따르면 40세가 되는 것은 완결, 새로운 삶과 관심, 우선순위와 성취를 위한 길을 닦는 것으로 볼 수 있다. 이제부터 오는 성공은 우리가 알거나 할 수 있는 것을 활용한다는 측면에서뿐만 아니라 한층 강하고 통일된 내 자신이라는 측면에서 한결 풍부한 가치를 지닌다. 영원히 살 수 없다는 인식에 따라 우리는 자연스럽게 우리의 에너지를 중요한 것, 즉 자녀, 명분, 사업, 조직 등 변화를 일으킬 수 있는 곳에 집중하게 된다.

다음에 이어지는 내용에서 언급할 사람들은 그러한 '목적의

폭발'을 경험한 사람들이다. 그들의 이야기에서 유사한 점을 찾아
낼 수 있다.

　이 장의 요점은 40세 정도가 되었으면 누구나 성공을 해야 한
다거나, 혹은 그때가 모든 것이 제자리를 찾는 '마법의 해'라는 것
이 아니다. 그러나 40세는 당신이 행동하게 만드는 상징적 힘을 지
닌 하나의 지표가 될 수 있다. 40세가 되기까지 여러 해가 남았고
인생에서 무얼 하고 싶은지 아직 확신하지 못했다면, 다른 많은 이
들도 이 나이까지 그들의 소명을 찾지 못했다는 사실을 알게 될 것
이다. 이미 40세가 지났다면 지금 당신을 있게 한 중요한 전환점이
된 나이로 회상할 수 있다. 설령 그렇지 않더라도 계속해서 읽어 보
기를. 여기 실린 사례들은 더디 익는 성공의 일반적인 진리 또한 밝
혀주기 때문이다.

　먼저 살펴볼 사람들은 확실히 역사적 '위인'이라고 단언할 수
있는 인물들이지만 그들조차도 40대에 이르기까지 삶에서 진정한
임무를 확신하지 못했다. 그런데 우리가 왜 안달복달해야겠는가?

짜릿하고 통쾌한 인생 역전의 묘미

아그네스 곤자 보야주는 1910년 지금의 마케도니아에서 건축업자
의 딸로 태어났다. 아버지가 세상을 떠나자 아그네스의 어머니는
천을 팔고 수놓는 일을 시작하며 아그네스를 정교회가 아닌 가톨릭

신자로 키웠다.

10대 시절, 아그네스는 신앙심 넘치는 소녀였고 선교에 부름을 받았다고 믿었다. 그녀는 인도에서 선교 사업을 벌이고 있다는 것을 알고 아일랜드의 로레토 수녀원에 입회했다. 리지외의 성녀 소화 테레사를 따서 '테레사'라는 수도명을 받은 뒤 1929년에 그녀는 콜카타로 가게 되었고 그곳에서 로레토의 규율에 따라 운영되는 세인트 마리아 학교에서 지리를 가르치기 시작했다.

1946년 9월, 테레사는 결핵이 의심되어 몸을 추스르라는 교단의 결정에 따라 다르질링으로 가는 기차에 올랐다. 이 여정 중에 그녀는 콜카타의 "가난한 이들 중에서도 가장 가난한 이들"과 함께하라는 하느님의 부르심, "소명 중의 소명"을 듣는다.

수녀원에서는 그곳을 떠나 궁핍한 사람들을 위해 일하겠다는 테레사의 생각을 곧바로 받아들이지 않았기에 그녀는 한동안 가르치는 일을 계속해야 했다. 그러나 1948년 드디어 떠나도 좋다는 허락이 내려지자 그녀는 파리에서 의료 훈련을 받은 뒤 마침내 인도 콜카타에 가게 된다. 그녀는 일기에서 수녀원을 떠난 첫해는 몹시 힘들었으며 예전의 안정된 삶으로 돌아가고픈 유혹을 느꼈다고 고백했다. 거처도 없이 음식과 여타 필수품을 구걸해야 하는 곳에서 새로운 부름에 충실해지려면 대단한 용기가 필요했다.

하지만 그녀의 일은 곧 인정받게 되었고, 40세 때인 1950년, 바티칸은 그녀에게 사랑의 선교수녀회를 시작할 수 있도록 허락해 주었다. 이후 10년 동안 사랑의 선교수녀회에서는 인도 전역에 걸쳐 25곳의 보육원과 병자와 죽어가는 이들을 위한 집을 세웠다. 1970년대와 1980년대에는 해외로 활동 영역을 넓혀 호스피스와 약물중독자, 알코올중독자, 매춘부, 에이즈 환자, 버려진 아이, 나환자들을 위한 집을 세워나갔다. 선교수녀회의 지회가 500곳에 달하게 되면서 마더 테레사는 20세기의 위대한 정신적 지주가 되어 수백만의 사람들에게 위안과 보살핌을 주었다. 40세 무렵에 처음 수녀원을 세운 리지외의 성녀 소화 테레사와 마찬가지로 마더 테레사 역시 상대적으로 늦게 출발한 사람이었다. 가난한 사람 중에서도 가장 가난한 사람들과 일하라는 부름을 받은 것이 36세 때의 일이었고, 사랑의 선교수녀회가 공식적으로 시작된 것은 무려 19년 동안이나 교사와 교장으로 일하고 난 뒤였다.

영적인 부름은 어쩌면 영원의 영역에서 오는 것일지도 모르지만 그래도 여전히 시간과 공간을 통과해야 한다. 어쩌면 신은 현실주의자일지도 모른다. 소명을 들었을 때가 그녀 나이 36세 때였으니까. 20대의 테레사는 그 명령을 실행할 용기가 없어 콜카타 거리에서 며칠을 지내다 달아나듯 수도원으로 돌아갔을 것이다. 50대의 테레사라면 자신의 모든 정신적, 육체적 에너지를 쏟아부어야 할 종교단체를 시작하기에 너무 나이가 많다고 생각했을지도 모른다. 그러나 36세의 테레사는 운명이라고 믿은 것을 성취하기 위한 정신적, 영적 힘을 적절히 발전해 놓았고, 그것을 수행할 에너지와 시간도 충분히 남은 상태였다. 40세가 되는 해에 그녀의 수녀원이 공식적으로 시작된 것이 우연일지는 몰라도, 예수가 공생활을 시작하기 전 황야에서 보낸 40일이나 모세가 사막에서 보낸 40년이 자연스레 떠오르는 나이이다. 모세와 마찬가지로 40세의 그녀는 진정으로 봉사할 준비가 되어 있었고 자신이 묘사한 대로 '하느님의 연필'이 되었다.

모한다스 간디는 지배자들을 무력화시킬 만큼 충분한 도덕적 신념과 강인함을 가진 인물이다. 그러한 신념과 강인함은 어디에서, 어떻게 생겨난 것일까?

대부분의 사람이 갖는 간디의 이미지는 흰옷을 입고 인도 전역을 다니며, 영국의 식민지 지배로부터 평화와 독립을 설파하는 60대 노인이다. 사실 간디는 40대 중반인 1915년 전까지만 해도 '마하트마'(위대한 영혼)라고 불리는 모습과 한참 거리가 있는 정장 차림의 변호사였다. 인명사전에는 인도에서의 정치적 역할이 주로 기술되어 있지만 사실 간디는 남아프리카공화국에서 인도인들의 권익을 위해 일하며 오랜 세월을 보냈다.

간디가 30대 후반이었을 때 중요한 사건 하나가 일어났다. 영국 행정부가 이른바 블랙법BlackAct을 제정하여 남아프리카공화국 트란스발주의 모든 인도인을 강제로 등록시키려 했던 것이다. 간디를 비롯한 많은 사람들이 거부하고 나섰다. 처음으로 그의 사티아그라하, 즉 비폭력 저항 원칙이 행동으로 드러난 때였다. 항의 시위를 한 죄목으로 그는 39세 때 감옥에서 두 달을 보내는 형을 받았다. 그것은 그의 앞날을 바꾸는 하나의 경험이 되었고, 이듬해 40세가 된 그는 남아프리카공화국 인도인들의 처지를 대변하기 위해 런던으로 떠났다. 이 운동 덕분에 트란스발 등록법은 폐지되었고, 그 성공으로 말미암아 간디는 훗날 인도의 역사에서 지극히 중요한 역할을 하는 비폭력 저항의 힘을 절감하게 되었다.

부유한 배경과 권력도 비참한 유년 시절의 엘리너 루스벨트를 구원해 줄 수는 없었다. 그녀의 숙부는 테디 루스벨트였다. 그녀의 어머니는 아름다운 미모의 사교계 명사였지만 평범한 딸에게 차갑기만 했고, 가장 사랑했던 아버지는 알코올 중독으로 그녀가 아홉 살 때 세상을 떠났다. 뒤이어 그녀의 어머니와 네 살짜리 동생도 세상을 떠나고 말았다.

21세가 되기 직전에 엘리너는 5촌인 프랭클린 루스벨트와 결혼했다. 그 후 12년 동안 다섯 아이를 기르며 갓 정치에 발을 들인 남편에게 정신적 지원을 아끼지 않으며 헌신적인 아내와 어머니 역할을 충실히 했다.

하지만 30대 중반, 남편의 외도가 드러나면서 완벽해 보이던 가정은 산산이 부서지고 말았다. 그럼에도 집안의 압력, 특히 권위적인 시어머니의 압력을 거부하지 못해 결혼생활을 유지해야만 했다. 그녀는 남을 위해 희생하는 굴레에서 벗어나 자신의 삶을 살고 싶은 생각에 한 병원의 자원봉사자로 일하면서 참전용사들을 돕기 시작했다. 또한 평생의 과업이 된 여성문제에도 발 벗고 나서기 시작했다. 여성유권자연맹League of Women Voters과 여성노조연맹Women

League에 가입하고, 일하는 여성들의 국제회의International Congress of Working Women에서 일을 거들기 시작한 것이다. 40대 초반 무렵 사회 개혁을 향한 자신의 리더십 열정을 깨달은 엘리너는 비슷한 생각을 가진 친구들과 더불어 하나의 그룹을 만들었다. 그녀가 한 일 중에는 가구 공장을 세운 것과 뉴욕에 소녀들을 위한 학교를 공동 설립하고 아이들을 가르친 것도 있었다.

여성들이 투표하도록 독려한 그녀의 풀뿌리 운동은 프랭클린 루스벨트가 뉴욕주지사 선거에서 승리하는 데 중요한 역할을 했고, 1932년 그가 대통령이 되는 데도 단단히 한몫했다. 엘리너는 대공황기 미국을 휘몰아친 처참한 빈곤과 실직에 대해 가감 없이 말해주는 등 남편의 '눈과 귀'가 되어 행정에 지대한 역할을 했다. 주부들을 비롯해 농부, 군인들과 연대하고 흑인, 미국계 유대인들과 친구가 된 그녀를 보며 출신 계층을 배반한 배신자로 취급하는 이들도 있었지만, 평범한 사람들에게 그녀는 한줄기 신선한 바람 같은 존재였다. 그녀는 막 시작된 시민 권리 운동을 폭넓게 지원했고, 1945년 프랭클린 루스벨트가 세상을 떠난 뒤에도 UN 세계인권선언의 견인차 역할을 했다. 이러한 활동들로 '세계의 퍼스트레이디'라는 수식어도 붙게 되었다.

엘리너 이야기는 심리학자 에릭 에릭슨이 35세에서 45세 사이의 많은 사람들이 경험한다고 규정한 '위기와 성취'의 패턴을 잘 보여준다. 엘리너는 더 차원 높은 목적을 위해 고통스러운 위기를 견뎌내고 인생의 중요한 다음 장으로 옮겨갔다. 이 기간은 그녀가 독립하며 자신의 재능을 최대로 활용할 수 있도록 이끈 시기였다. 40세로 접어들었을 때 자녀 대부분은 10대가 되었고 그녀는 남은 삶 동안 무엇을 할지 생각하기 시작했다. 그러자 타인의 기대로부터 자유로워져 자신의 참모습을 드러낼 수 있었다. 전기 작가들은 그녀의 삶을 두 단계로 나눌 수 있다고 언급했다. 30대 말까지 완벽하게 보여지는 온실 속 화초 같은 상류층 아내이자 어머니의 모습과, 1962년 78세의 나이로 세상을 떠날 때까지의 강력한 정치적 힘의 상징으로.

세상에 극적인 영향을 미치는 능력은 역설적이게도 치열한 개인적 변화를 겪고 난 뒤에야 가능하다. 그녀의 경우, 개인적인 변화의 결과는 강력한 도덕적 신념을 분출하는 계기가 되었다. 사회 변화를 향한 그녀의 노력은 누구나 타당하게 받아들일 도덕적 신념이었다.

30대 중반의 마더 테레사와 간디, 엘리너를 보면 그들이 장차 놀라운 영향력을 가지게 되리라고 예상하지 못했을 것이다. 40세 가까이 이르렀을 때 세 사람 모두 중요한 성과(마더 테레사의 경우에는 교사로서의 경력, 간디의 경우에는 남아프리카공화국에서의 일, 엘리너는 자녀들)를 이루기는 했지만 그것은 한낱 시작에 불과했다. 간디는 사회 개혁 면에서 확실히 떠오르는 별이었지만 마더 테레사는 40세 생일 전까지는 두드러지지 않았고, 엘리너는 그제야 자신의 모습을 갓 드러내는 참이었다. 생애의 40년에 들어섰을 때 두 사람 모두

길을 확정한 상태는 아니었지만, 깊은 자기 인식과 자신이 해야 할 일의 발견으로 훗날 더욱 큰 대의에 닿을 수 있었다.

당신도 '불혹의 나이'에 가까워지고 있는데 성과에 진전이 없고 소명을 찾지 못했을 수 있다. 자신의 속도에 대해 불안감을 느끼는 것은 지극히 정상이지만, 장기적인 성공의 열쇠는 전적으로 '현재'에 집중하는 것이다. 언제 기회와 맞닥뜨릴지, 혹은 모든 것을 바꿀 만한 갑작스러운 깨달음이 찾아올지 결코 알 수 없다. 당신의 '목적의 폭발'은 멀지 않았을 것이다. 다음 사례에서 알 수 있듯, 기회에 마음을 열고 적절한 순간이 나타날 때까지 기다리자. 바로 그때가 올 때까지.

하나의 문이 닫히면 또 하나의 문이 열린다

40세 전후의 많은 사람들에게 일어나는 목적의 폭발과 그로 인한 성공은 종종 어떤 문제(예술적, 사회적, 과학적)에 대한 수년간의 세심한 관심과 그 문제를 해결하기 위해 수천 시간 노력한 결과다. 그러나 해답이 나타나기까지는 자신이 어떤 것에 대해 심사숙고하고 있다는 사실조차 몰랐던 경우도 있다.

뉴욕 퀸스의 학교에서 진 슬러츠키의 친구들은 한 가지 공통점을 갖고 있었다. 모두 과체중이라는 점이었다. 그녀들은 아무리 먹어도 살이 찌지 않는 여자들을 몹시 부러워했다. 날씬한 소녀는 다른 세상에서 온 것처럼 보였고 진과 친구들은 그들과 거의 말도 섞지 않았다. 10대 후반 그녀의 세계관은 확고해져 있었다. 세상에는 오로지 두 종류의 사람, 뚱뚱한 사람과 날씬한 사람만 존재했다.

24세에 그녀는 한 식당에서 만난 과체중의 버스 운전사 마티니데치와 결혼했다. 진은 아들 둘을 낳았고, 끊임없이 노력하기는 했지만 쿠키에 중독되었다고 고백할 정도로 몸에 붙은 살은 해가 갈수록 늘어나는 것 같았다. 그러던 어느 날 쇼핑을 나갔다가 한 이웃이 임신하지도 않은 그녀에게 "안녕하세요, 진! 좋아 보이네요. 출산 예정일이 언제예요?" 하고 인사를 건넸을 때 뭔가 조치를 취해야 한다는 것을 깨달았다. 39세의 그녀는 95킬로그램이 넘게 나갔다.

이 시기에 그녀는 뉴욕 보건국이 운영하는 비만 클리닉에 다니고 있었다. 수요일마다 마치 종교에 빠진 사람처럼 그곳에 나갔고 단시간 내에 살을 빼는 데 도움을 받았다. 그녀는 그 프로그램의 진정한 힘이 모임의 규칙성과 같은 투쟁을 하는 사람들과 함께 느끼는 동지애에 있는 것 같다는 생각이 들었다. 그녀의 달라진 몸을 보고 친구들도 함께 하고 싶다고 했지만 그렇다고 매주 한 번 맨해튼으로 이동할 정도로 열성적이지는 못했다. 그래서 그녀는 목요일마다 친구들을 자기 아파트로 불러 전날 클리닉에서 배운 내용을 다시 시연해 보였다. 이 모임의 인기는 날로 높아졌고, 거실에 의자를 놓을 공간이 없을 지경에 이르자 그녀는 한 영화관 위 다락방을 빌려 아침, 점심, 저녁 식사 후 하루에 세 번 영화표 값을 받고 체중

감량 모임을 열었다.

사업 규모가 커지자 그녀는 뉴욕 밖에서도 추가로 모임을 열기 시작했다. 한 사업가 친구와 함께 그녀는 자신이 없이도 그 모임을 운영할 수 있도록 프랜차이즈를 만들면 어떨까 생각했고 1963년, 40세가 된 진은 다니던 지방 세무서를 그만두고 웨이트워처스 인터내셔널Weight Watchers International이라는 작은 사업체를 차렸다.

10년 후 미국, 캐나다와 유럽에 걸쳐 수천 개의 그룹이 생겨났고 그녀는 부자가 되었다. 화사한 금발과 값비싼 옷으로 갈아입은 진은 더 이상 예전의 사무직 직원이 아니었다.

웨이트워처스는 우연히 생긴 것이며 의도보다는 절실함이 더 컸던 것이라고 주장할 수 있다. 당시에 그녀는 조직이 얼마나 커질지 깨닫지 못했고, 장기적인 목표를 가진 것도 아니었다. 그러나 예상치 못하게 성공의 길이 열리자 그 길을 따르는 데 주저하지 않았다. 세상 모든 사람이 불어오는 바람에 바짝 주의를 기울이고 있다가 일을 그만두고 영화관 2층을 빌리지는 않는다. 그러나 그녀는 그렇게 했고, 그 선택이 가져다준 혜택을 얻었다.

평생 그녀는 체중 감량이 왜 그토록 어려운지 알고 싶었지만 그녀가 다녔던 클리닉에서 그 답을 찾았다. 혼자 하는 다이어트는 살을 빼기 위한 노력을 책임져 주는 사람이 없기 때문에 힘들었던 것이다. 분별력 있는 다이어트도 중요하지만 더욱 더 효과적인 것은 한때는 비만이었던 자신도 강사 앞에서 매주 몸무게를 재는 것이었다. 그녀가 자신의 경험에서부터 다이어트로 끌어온 또 다른 잃어버린 고리가 있었다. 학교에서건 성인이 되어서건, 뚱뚱한 사람은 언제나 뚱뚱한 사람끼리 어울린다는 것이었다. 그녀는 이것을 강력한 긍정으로 전환시켜 그룹의 동지애를 웨이트워처스 성공의 중요한 요인으로 만들었다.

39세가 되어서야 그 해답을 알게 되었지만 그 당시에도 그녀의 삶에서 내세울 것이라고는 아무것도 없었다. 개인적인 돌파구가 전 세계적인 규모로 커질 수 있다는 것을 깨달았을 때 비로소 그녀는 주목할 존재가 되었고 40세에는 자신의 삶을 쏟을 만반의 준비가 되어 있었다.

그녀는 여전히 자신이 탄생시킨 단체의 컨설턴트로 일하고 있다. 플로리다에서 편안한 삶을 누리는 그녀는 자신의 삶을 자주 뒤돌아보곤 한다. 40세 이전의 뚱뚱한 사무직 직원이었던 자신과 40세 이후의 날씬하고 부유한, 세계적 운동의 상징이 된 자신을.

'제2의 인생'으로 변신한 또 다른 예는 빌 윌슨이다.

윌슨은 조숙한 아이였고 자신이 마음먹은 것이라면 뭐든지 1등이 되려고 애썼지만 가정 생활은 순탄치 않았다. 지나치게 술을 좋아하는 아버지 때문에 부모는 이혼했다. 그것은 빌에게 엄청난 충격이었고, 그 후 9년간 아버지를 보지 못했다.

어머니가 다른 지역의 대학에 있었기 때문에 빌의 조부모가 부모 역할을 대신했고, 그는 고등학교에서 학년 대표와 풋볼팀의 풀백을 맡아 크게 활약했다.

그러다가 또 다른 충격이 찾아왔다. 그와 사랑에 빠진 소녀가 수술을 받고 난 직후 갑자기 세상을 떠난 것이다. 그는 이후 3년 동안 우울증에 빠져 있었다. 그래도 대학을 졸업했고 그 뒤에는 군사 훈련을 받았다. 그의 부대가 주둔한 한 마을에서 부유한 가족들이 젊은 장교들을 위해 파티를 연 적이 있었다. '사교계' 경험이 없었던 그는 안절부절못했고, 아버지와 달리 술을 금기시했었지만 그날 눈앞에 놓인 한 잔의 칵테일은 참기 힘들었다. "그래서 저는 그 잔을 들었고 한 잔, 또 한 잔을 마셨습니다. 아, 놀라웠지요!" 그는 이렇게 기억한다. 이때부터 그는 열등감에서 벗어나기 위해 술에 의존했고, 군 복무 중에도 기회가 생기면 아내 몰래 고주망태가 되도록 술을 마시곤 했다.

전쟁이 끝나자 그는 최초의 '재정분석가' 중 한 사람이 되어 여러 지역의 회사를 방문하고 보고서를 썼다. 그는 탁월한 능력을 보였고 뒤이어 마진거래 일을 할 때에도 뛰어난 능력을 발휘해 부부는 20대 내내 꽤 부유하게 살 수 있었다. 그러나 윌슨은 아내에게 몇 번이나 맹세를 했음에도 퇴근 후 점점 더 많은 술을 마시기 시작했다. 그러다가 1929년의 공황으로 모든 것을 잃게 되었다.

윌슨이 30대 중반이 되었을 때는 알코올 중독으로 직장에서도 해고되었고, 6만 달러의 부채까지 지고 있었다. 탁월한 주식 운용 능력 덕분에 다시 일자리를 얻었지만 그는 치료를 받기로 결심했다. 이 당시 알코올 중독은 병이 아니라 종교적인 죄나 경범죄로 간주되었지만 의지력만으로는 치유될 수 없는 질병이라고 믿은 실크워스 박사에게서 치료를 받을 수 있었다.

윌슨은 몇 달 동안 술을 마시지 않아 멀쩡하다가도 갑자기 폭음해 자살을 시도할 정도의 우울증에 시달리기를 반복했다. 1934년 휴전기념일에 한 골프클럽을 방문한 뒤 그는 엄청난 술을 마셨고, 그 뒤로 몇 달 동안은 집에 틀어박혀 진과 파인애플주스만 마시고 살았다.

그러다가 예전에 같이 술을 마시던, 마찬가지로 알코올 중독자였던 친구가 찾아왔다. 하지만 그 친구는 술을 거부해 빌을 놀라게 하더니 "종교에 귀의했다"는 말로 그를 소스라치게 만들었다. 그 친구는 자기 자신에게 철저히 정직할 것과 자신이 상처를 준 사람에게 보상할 것을 촉구한 개방적인 비교파 기독교 운동인 옥스퍼드 그룹의 일원이 되어 있었다. 가장 중요하게도 그의 새로운 신념은 술을 마시고픈 욕망을 없애 주었다고 했다. 신이 문제를 대신 안아 주어 이제 그는 자유롭고 생산적이고 행복해진 것처럼 보였다.

체계화된 종교에 반대하던 윌슨이었지만 친구의 방문을 머릿속에서 지울 수 없었다. 그는 그 친구와 연계가 있던 한 조직을 따라가 보았는데 노숙자와 알코올 중독자, 궁핍한 사람들을 돕고 있었다. 그러고 나서 그는 며칠 동안 술을 마신 뒤 또다시 알코올 중독자들을 위한 병원에 찾아갔다. 정신이 말짱해지자 죽음이나 미치광이가 되는 길 외에는 다른 수가 없는 것처럼 느껴졌다. 그리고 바로 그때가 윌슨이 영적 경험을 한 때였다. 밑바닥에 처박힌 심정으로 윌슨은 무엇이든 자신을 구제해 줄 수 있는 것이라면 복종할 수 있을 듯한 느낌으로 소리쳐 불렀다.

"신이 계신다면 제발 나타나 주십시오!"

그는 그다음 순간을 이렇게 기억한다.

"갑자기 내 방이 형언할 수 없는 흰빛으로 번뜩였다. 나는 뭐라 설명할 수 없는 희열에 사로잡혔고 그것은 내가 알던 그 어떤 즐거움에도 견줄 수 없는 것이었다."

그는 어떤 산 위에 서 있는 자신의 모습을 보았다. 영혼이 그를 지나쳐 가더니 또렷한 한 가지 생각이 머리를 스쳤다.

"너는 자유인이다."

윌슨은 그때 39세였고 이후로 다시는 술을 마시지 않았다. 누구보다도 이성주의자였지만 그는 윌리엄 제임스의 고전《종교적 경험의 다양성The Varieties of Religious Experiences》을 읽었다. 그 책은 자신에게 일어난 일을 설명해 주는 것 같았다. 이 책과 그가 환각에 빠진 것이 아니라는 실크워스 박사의 확신은 윌슨을 완전히 새로운 삶으로 인도했다.

자신이 엄청난 축복을 받았다는 느낌이 들기는 했지만 윌슨은 왜 수천 명의 다른 알코올 중독자들이 기회를 놓치고 처참한 죽음을 맞는지에 대해 생각하기 시작했다. 그 생각은 곧 알코올 중독에서 벗어나는 운동을 시작해야겠다는 결단으로 이어졌다. 그러나 그의 옥스퍼드 그룹 친구들조차도 알코올 중독자들을 쓸모없는 존재라고 여기고 있었다. 그들이 틀렸다는 것을 입증하는 데는 열정적인 사명감과 더불어 윌슨 특유의 추진력과 결단력이 필요했다. 아이러니하게도 윌슨은 전 세계의 종교에서 따온 그 운동의 영적인 원칙을 유명한 12단계로 바꾸었다. 그중 한 단계는 알코올 문제를 '보다 큰 힘'에 넘기라는 것이다. 여기서 윌슨은 중대한 영적 체험만이 심각한 알코올 중독자들을 구할 수 있다는 칼 융의 견해를 반영하고 있다.

그가 세운 익명의 알코올 중독자 모임ᴬᴬ은 이렇게 시작되었다. AA는 공식적으로 윌슨의 나이 43세 때 그가 쓴 글에서 시작된 단체였다. 그의 경험은 삶의 많은 기간을 부정적인 경험으로 피폐하게 보낸 적이 있는 사람이라면 누구나 놀라움을 느낄 만한 것이다. 부정적인 경험을 긍정적인 결과로 바꾸었기 때문이다.

둘의 경험은 최악의 것이라도 위대함의 밑거름이 될 수 있다는 사실을 여실히 보여준다. 그들은 단순히 투쟁에서 살아남았을 뿐만 아니라 같은 난관에 부딪힌 수백만의 사람들에게 도움을 주었다. 우리가 주목해야 할 부분은 두 사람의 첫 40년 동안의 삶에서, 이후의 영향력을 예상할 만한 그 어떤 사건도 찾을 수 없었다는 것이다.

어둠을 탓하기보다 한 자루의 촛불을 켜라

1961년 5월, 정장에 중절모 차림을 한 39세의 영국인 변호사가 런던 지하철을 타고 출근하는 중이었다.

신문을 펼쳐 들었다가 피터 베넨슨은 자유를 위해 축배를 들었다는 이유로 포르투갈 감옥에 투옥되어 7년 형 징역을 살게 된 두 학생의 짤막한 기사를 읽었다. 축배를 들었다고 징역 7년이라니. 피터 베넨슨은 충격을 받았다. 다음 페이지에 자세한 내용이 없다는 것도 충격이었다. 이런 일이 일어났는데 어떻게 이리도 잠잠할 수가 있는 것일까.

베넨슨은 처음에는 포르투갈 대사관으로 가서 항의를 할까 생각해 보았지만 대신 트래펄가 광장에서 내려 곧장 세인트 마틴 인 더 필즈 교회로 들어가 묵상에 잠겼다. 이윽고 한 가지 행동 계획이 머릿속에 자리를 잡아가기 시작했다.

몇 주 뒤에 그는 〈옵서버The Observer〉에 항의문을 발표했다. 정치범들을 위한 대중적 행동을 촉구하는 '잊힌 죄수들The Forgotten Prisoners'이라는 글이었다. 이 글은 대중의 시선을 사로잡았고, 그해 그는 정치범들에게 편지를 보내도록 주선하는 한 단체를 세웠다. 채 1년도 지나지 않아 10여 개 국에서 편지를 쓰는 그룹이 생겨났다. 한 기사를 읽은 것을 계기로 국제사면위원회(앰네스티 인터내셔널)가 탄생한 것이었다. 앰네스티 인터내셔널은 창립자인 피터 베넨슨을 기린 부고에 이렇게 썼다.

"그는 유엔이 없는 세상에 태어났다. 단 하나의 국제 인권 조약도 존재하지 않았다. 세계 인권 선언은 아직 쓰이지도 않았다."

아닌 게 아니라 그때는 대규모 인권단체가 하나도 없었기 때문에 베넨슨은 상당한 위험을 감수한 셈이었다. 그러나 그는 당시 자신이 지닌 법률적 지식과 경험을 총동원해 이 결정적인 역할을 떠맡기로 마음먹었다. 이 장에서 이야기한 다른 사람들과 마찬가지로, 그에게도 처음 40년은 진정한 인생의 과업이 시작되기 전의 밑거름에 불과했다.

나이를 뛰어넘어 잠재력을 발휘하는 법

이름이 하나의 브랜드가 된 사람들은 사실 일부일 뿐이다. 그만큼 놀라운 기여를 하고도 덜 알려진 사람들이 훨씬 많으며 이들 중 많은 사람들이 최소한 40세가 될 때까지는 제 모습을 찾지 못했다.

수학과 관련된 일을 하는 사람이 아니라면, 아마도 위상수학과 '땋임과 매듭 이론'의 선도적인 전문가로 수많은 중요한 해법을 찾아낸 조앤 S. 버만이라는 이름은 무척 생소하게 들릴 것이다.

뉴욕에 자리를 잡은 이민자 부모에게서 태어난 버만은 유치원 때부터 "여러 가지 것들이 서로 착착 들어맞는" 수학의 양상에 매혹되었다. 학교에 다니는 동안 수학은 늘 그녀가 가장 좋아하는 과목이었다. 대학에서 그녀는 수학과 물리학을 전공했지만 졸업할 때가 되자 온 시간과 에너지를 몰입해야 하는 수학자는 그다지 구미에 당기지 않았다. 대신에 그녀는 가정을 돌보면서 할 수 있는 일을 찾았고, 그 결과는 항공 산업에서 시스템 분석을 하는 일이었다.

결과적으로는 '15년의 우회로'가 된 직업이었다. 그 분야만 해도 여성이 전문적인 역할을 하는 경우는 극히 드문 시절이었다.

첫아이를 낳았을 때 그녀는 계속해서 일을 하고 싶었지만 당시 이용할 수 있는 어린이집이 없었던 터라 한동안은 아예 일에서 손을 놓을 수밖에 없었다. 다음 몇 해 동안 그녀는 자녀들을 키우면서 파트타임으로 곡예하듯 일을 했다. 그러나 셋째 아이가 태어난 지 얼마 지나지 않아 그녀는 뉴욕대학교 대학원에 등록해 수학 분야의 석사학위를 받기 위해 야간 수업을 듣기 시작했다. 산업계에서 학계로 옮겨간 남편이 그녀를 적극적으로 도왔을 뿐만 아니라 학과의 일원이어서 무료로 수업을 받을 수 있었던 터라 경제적으로 별문제가 되지 않았다. 때는 1961년, 버만의 나이는 33세였다.

가정을 돌보느라 박사학위(41세)를 받기까지는 시간이 꽤 걸렸고, 결코 쉽지 않은 일이었다. 논문 지도를 받으러 찾아간 한 교수에게 "이렇게 나이가 많은 당신이 위상수학에 대해서 뭘 알겠어요"라는 소리도 들었다. 결국 그녀를 맡은 수학자는 "길 잃은 미아 줍기를 좋아하기 때문에 그녀를 담당하게 되었다"고 했다. 사실 젊은 남자들의 게임이라고 여겨지던 분야에서 나이 많은 여성으로서 버만이 느끼는 감정이 바로 길 잃은 미아의 심정이었다.

수학자로 10년의 공백이 있었는데도 41세 때 버만은 당시 최초의 수학 학부 여성 멤버로 스티븐스공과대학교에 취직하게 되었다. 그러나 남편이 안식년을 맞아 파리로 떠나는 바람에 1년을 더 쉴 수밖에 없었다. 즐거워야 할 1년이었지만 버만은 지적으로 고립

된 느낌을 받았다. 그녀는 남몰래 수학 계산을 하면서 스스로를 위안했고, 몇 해가 지난 뒤 그녀가 푼 문제는 다른 수학자들에 의해 증명되었다.

　미국으로 돌아오자 그녀는 매듭 이론에서 땋임의 역할에 대해 한 동료와 함께 실시한 연구를 주제로 강의를 하기 시작했다. 그다지 각광받는 영역은 아니었지만 프린스턴대학교의 몇몇 수학자들은 관심을 보였다. "이것이 내 커리어가 진정으로 시작된 계기였다"고 버만은 회상한다. 이 강의는 40대 후반에 출간된 그녀의 책 《땋임, 링크, 사상군 Braids, Links and Mapping Class Groups》의 근간이 되었고, 그녀는 스티븐스공과대학교에서뿐만 아니라 프린스턴의 방문 교수진에 들어가게 되었다. 그곳에서도 그녀는 수학 학부의 유일한 여성이었다. 버만의 삶의 궤적이 여성학자로서는 유별난 것이 없을지라도 여전히 놀라운 업적이다. 애초에 그 당시만 해도 남자들의 전유물이었던 수학을 전공하는 것 자체가 용기를 필요로 하는 일이었다. 아이들을 낳은 뒤 다시 커리어를 가질 수 있을지 의구심을 품으면서도 그녀는 기꺼이 위험을 감수했고, 결국 자신이 일하는 일터에서 유일한 여성이 되는 영광을 누리게 되었다. 30대에 박사학위를 따겠다고 대학원으로 돌아가는 것 역시도 대단한 용기가 필요한 일이었다. 대학원에서 그녀는 남의 시선에는 아랑곳하지 않고 조용히 자기 능력을 증명해 수학 학계라는 쟁쟁한 세계에 다시 발을 들이게 되었다. 대학원 복귀에 대해 그녀는 이렇게 말한다.

"나는 물론 녹슬었지만 그렇다고 해서 뛰어넘지 못할 걸림돌이 있다고 생각하지 않았다. 마치 보상이라도 하듯, 성숙함은 내게 15년 전이었다면 불가능해 보였을 방식으로 집중하고 전념할 능력을 주었다."

아이를 돌본 경험이 있는 사람이라면 한두 시간쯤 자기를 위해서 쓸 수 있는 시간이 생기면 그 시간을 얼마나 알차게 활용하는지를 잘 알고 있을 것이다. 혹독한 시간제한은 효율성을 낳는다. 버만의 동료들은 두뇌가 가장 명석할 때 가정을 꾸리고 업계에서 일한 그녀의 시간을 잃어버린 시간으로 치부했을지도 모른다. 그러나 그녀 자신이 지적한 대로 그 시간 동안 무르익은 성숙함과 집중력, 판단력은 마침내 쏟아 부을 시간을 갖게 되었을 때 그녀의 일에 크나큰 도움이 되었다. 거기에 가정생활과 회사에서 팀의 일원으로 일한 경험을 바탕으로 그녀는 협업과 동업에서 탁월한 기술을 발휘했다. 영민하고 외로운 수학자라는 선입견과는 정반대로, 그녀가 커리어에서 성공을 거둔 까닭은 그녀가 지적했듯이 다른 사람들과 밀접하게 일하는 것이 가능했기 때문이었다. 여러 학회와 세미나에 초청을 받으면서 40세 이후 버만의 삶은 만개했다. 자녀 양육으로 몇 년 후퇴할 수밖에 없었지만, 학계에 다시 발을 들일 기회를 포착하자 그녀는 적절하게 움직였고, 그녀가 말했듯 밟아온 궤적이 평탄했을 때 이루었을 것보다 훨씬 나은 수학자가 되었다.

수학에 대한 사랑에 관해 버만은 이렇게 언급했다.

"나는 사람들이 어떻게 생각하는지를 배웠고 그것이 무척이나 역동적이고 흥미롭다는 것도 알게 되었다. 수학은 나로 하여금 다른 사람들과 깊이 있게 관계를 맺을 수 있도록 해준다. 나에게 감명을 주는 것은 다른 사람들이 표출하는 창조성이다. 나는 그것, 바로 수학이 매우 아름답다는 것을 깨달았다. 또한 수학에는 영원히 지속되는 무언가가 존재하고 있다는 것도."

시기가 무르익기를 기꺼이 기다리는 것은 많은 사람들이 지녀야 할 덕목이다. 버만에게는 수학 방정식의 시대를 초월한 특성이 그녀가 겪은 몇 년 동안의 어둠을 미래의 전망으로 변화시키는 데 큰 도움이 되었을 것이다.

열정은 청춘의 전유물일까?

토니 멘도자는 어디에서인가 40세쯤이면 대부분의 사람들이 인생에서 성공하거나 실패하거나 둘 중 하나라는 글을 읽었다. 그때까지 성공하지 못했다면 앞으로도 그럴 확률은 거의 없다는 것이 그 글의 논지였다.

이 '사실'을 접했을 때 멘도자는 41세였다. 10년 동안 그는 연간 1만 달러도 벌지 못했고 전문적인 아트 포토그래퍼로 일했지만 명성과는 거리가 멀었다. 개인적인 삶 역시도 '작은 재앙'이었다. 결

혼한 적도 없었고 이성과도 채 2년을 가지 못했다. 유리한 점으로
는 유명 대학에서 받은 학위가 있다는 것이었다. 예일대학교에서
공학, 하버드에서 건축학 학위를 받았지만 이제는 거의 관심을 느
끼지 못하는 분야들이었다. 그는 아버지와 명문대를 졸업하고도 연
간 1만 달러를 못 버는 사람은 자기뿐일 거라고 농담하곤 했다.

"그런데도 나는 결코 우울해지지 않았습니다"라고 멘도자는
말한다. 그는 자신이 일을 점점 잘하리라는 것을 알고 있었고 생각
보다 오래 걸리고 있기는 하지만 그래도 기쁜 마음으로 "애써 노력
할 수" 있었다. 1970년대 내내 그는 도심의 공동주택에서 살았고
집세가 워낙 싼 덕분에 예술에 대한 열정을 포기하지 않아도 되었
다. 유일한 문제는 개들을 찍는 그의 '예술' 주제가 미술사진계에서
진지하게 받아들여지지 않는다는 점이었다. 그의 아버지는 사진을
찍어서 돈을 벌 작정이라면 예쁜 여자 사진을 찍어야 한다고 생각
했다. 어머니도 아들이 정착해 가정을 꾸렸으면 하는 생각뿐이었다.

다른 사람들은 그를 목적의식이 없다거나 게으르다고 생각했
을지 몰라도 멘도자는 그 상황을 다르게 보았다. 그저 늦게 성취하
는 사람이었을 뿐이다. 그는 76세에 붓을 들기 시작한 그랜마 모지
스와 연금 받는 나이가 되어서야 켄터키 프라이드치킨을 큰 사업으
로 키워낸 커널 샌더스에 대한 글을 읽고 용기를 냈다. 멘도자는 자
신의 직업적인 삶에 대해 이렇게 기술한다.

"나는 33세의 나이에 전업 포토그래퍼가 되었다. 사진을 포함

145

해서 어떤 일이든 잘하려면 10년은 걸리게 마련이니 걱정은
43세가 되어서 해도 늦지 않다."

그러나 43세가 다가온 그에게는 걱정거리가 많았다. 코뮌에
서 뉴욕으로 이사했지만 집세를 감당할 수 없어 강 건너 브루클린
에 사는 여동생 집에 얹혀살았다. 거기서 요리를 하고 아기를 돌보
며 생활비를 벌었다. "아마 생계를 위해 아기를 돌보는 예일, 하버
드 졸업생은 나뿐일 겁니다."라고 그는 회상한다. 그의 직업 생활에
서는 별다른 성과가 없었으며, 어떤 일반적인 기준으로도 그는 성
공과 거리가 먼 사람이었다.

그러다가 상황이 변하기 시작했다. 그의 작품이 여러 잡지에
소개되기 시작했고, 전시회가 개최되었으며, 심지어는 뉴욕현대미
술관에서도 전시회를 열게 되었다. 그는 처음으로 변호사를 고용하
고 첫 번째 넥타이도 샀다. 그가 펴낸 책은 호평받았고 차츰 제대로
수입이 들어오기 시작했다. 처음으로 받은 저작권료로 그는 플로리
다로 이사했고 그곳에서 한 여자를 만나 결혼했다.

아이러니하게도 개들의 포토그래퍼이지만 그가 성공 가도에
오르게 된 것은 어니라는 고양이 사진 덕분이었다. 그가 처음으로
낸 어니의 사진들이 실린 책은 3개월 만에 매진되었고 그로 말미암
아 두 번째 책을 낼 수 있는 구겐하임 펠로십을 받게 되었다. 현재
멘도자는 오하이오주립대학교의 사진학 교수이며, 아내와 함께 두
아이를 두고 있다.

저지르지 않으면 아무 일도 일어나지 않는다

멘도자가 커널 샌더스에게서 영감을 얻었다고 하니 그의 이야기를 잠깐 살펴보자.

샌더스의 아버지는 광부였고 그가 겨우 6살 때 세상을 떠났다. 어머니가 셔츠 공장으로 일을 나가면 요리를 포함한 집안일은 그의 몫이 되었다. 훗날 그는 10살이 되기도 전에 다양한 남부 요리를 능숙하게 할 수 있게 되었다고 말했다.

샌더스는 학교를 중퇴하고 농장에서 일손을 거들거나 후에는 전차 운전사로 일했다. 20대와 30대에는 선로에서 소방대원으로 일하기도 하고, 통신으로 법을 공부하고, 치안판사가 되었다가, 쿠바에서 자원해 군인으로 일하기도 하고, 산파 노릇을 했다가, 보험 상품을 팔고, 오하이오강의 증기 여객선을 운전하기도 했다.

30대 후반에는 주유소 소유주들과 직거래로 타이어를 팔았다. 이 일을 하면서 그는 자기도 주유소를 운영할 수 있겠다는 생각이 들었고, 40세에 켄터키의 코빈에서 셸shell 주유소를 열었다. 그의 주유소에 들른 운전자들은 어디 가면 괜찮은 식사를 할 수 있느냐고 종종 물었고, 수입원을 늘릴 수 있으리라는 생각에 샌더스는 배고픈 여행객들에게 그가 가장 사랑했던 음식인 남부식 프라이드치킨을 제공하기로 마음먹었다. 그는 주유소 한쪽에 있는 부부의 식당에서 치킨을 팔기 시작했고 곧 많은 사람들이 주유가 아닌 치킨 때문에 주유소를 찾았다. 부부는 의자와 테이블을 더 들여놓았지만 그것도 모자랐다. 곧 샌더스는 길 건너의 142석짜리 레스토랑과 모텔을 인수해 셰프로 일하며 '11가지 비밀 허브와 양념'이 들어간 치킨 레시피를 완성했다.

1935년 즈음에는 그 지역에서 샌더스의 명성이 높아지자 켄터키 주지사인 루비 라푼은 그에게 켄터키 주에 중대한 공헌을 한 사람에게 주는 영예의 호칭인 '켄터키 대령Colonel'을 수여했다. 이 점을 십분 활용해서 샌더스 자신을 '샌더스 대령(커널 샌더스)'으로 부르기 시작했고 흰색 정장과 검은색 타이를 맨 남부 신사 차림을 하고 다녔다. 그러나 그의 레스토랑이 시작될 무렵 주와 주를 연결하는 고속도로가 놓이면서 코빈은 낙후 지역이 되었다. 결국 샌더스는 그의 레스토랑과 그 영향력까지 경매에 부칠 수밖에 없었다. 비용을 모두 정산하고 나자 손에 쥔 돈은 얼마 되지 않았고 그는 사회보장 혜택을 받는 신세가 되었다.

그런 상황에 처했다면 대부분이 자포자기했겠지만 가난한 노인으로 전전긍긍하며 사는 대신 샌더스는 처음 받은 정부보조금 105달러를 들고 길로 나갔다. 그는 전국의 레스토랑을 돌며 자신의 비밀 치킨 레시피를 팔기 시작했다.

10년 후 수백 곳의 켄터키 프라이드치킨 프랜차이즈 매장이 생겼고, 1964년에 샌더스는 그 운용권을 몇몇 사업가들에게 200만 달러(현재 화폐가치로 1,400만 달러)에 팔았다.

샌더스는 40세가 되어서야 천직을 발견했고, 60대가 되어서야 비밀 레시피의 상업적인 잠재력을 실질적으로 현실화하게 되었으며, 70대에서야 비로소 부자가 되었다. 이러한 사실들을 고려하면 막다른 골목에 이르러 있던 멘도자가 샌더스에게서 영감을 받은 것은 지극히 당연한 일이었다.

당신은 지금 어디에 서 있는가? 60대에 들어선 샌더스보다는 당신의 미래가 더 밝을 가능성이 크다. 그렇다면 기회를 그냥 지나쳐 보내며 늘 바라던 것을 하지 않는 것에 무슨 변명을 댈 수 있겠는가? 지금의 일을 즐기고 있다면 그 커리어에서 더욱 도약해 삶을 새로운 레벨로 이끄는 것을 그 무엇이 막을 수 있겠는가? 좀 더 찬찬히 들여다보라. 당신을 막을 것은 아무것도 없다.

그만두고 싶을 때 딱 한 걸음만 더

영국 작가이자 재치 있기로 유명한 스티븐 프라이가 하루는 시카고에서 젊은 신인 코미디언들과 커피를 마시고 있었다. 그는 그들에게 이렇게 말했다.

"50세라는 '연장자' 입장에서 조언한다면 이런 얘기를 해주고 싶군. 늦는 일은 절대로 없다고 말일세. 문이 닫히고 '세상에, 벌써 30살인데 아무것도 해놓은 게 없어' 운운하는 건 터무니없는 소리일세. 그 반대가 오히려 진실에 가깝지. 많은 스타들, 예를 들어 조지 클루니…… 그 〈하우스〉에 나온 사람은 누구더라? 하여간 그 사람은 40대 후반이 되어서야……."

〈하우스〉에 나온 사람은 다름 아닌, 젊은 시절 함께 텔레비전 코미디 쇼를 했던 오랜 친구 휴 로리였다. 로리는 〈하우스〉의 천재 괴짜 의사 역으로 미국에서 가장 돈을 많이 받는 텔레비전 스타 중 한 명이 되었지만, 처음 이 프로그램에 오디션을 보러 오라는 얘기를 들었을 때 로리는 나미비아에서 영화를 찍는 중이었다. 하지만 그는 조명이 가장 좋은 호텔 화장실에서 연기하는 장면을 비디오로 찍어 보냈다. 〈하우스〉의 감독인 브라이언 싱어는 주연으로 전형적인 미국인을 원했고, 곧바로 로리가 자신이 찾던 배우임을 깨달았다. 그렇게 43세의 나이에 로리는 그 배역을 맡게 되었다. 프라이가 언급한 조지 클루니 역시 30대 중반에 드라마 〈ER〉에서 유명한 배역을 맡기 전까지는 단역 배우였다.

배우 휴 그랜트는 우연히 연기에 입문했지만, 연기가 제법 마음에 들어 계속해서 텔레비전과 영화에서 소소한 역을 맡고 있었다. 그러나 30대에 들어서자 품고 있던 열정이 떠나기 시작했다. 초창기 무대 공연 영상을 보고 난 후 BBC의 한 인터뷰어는 처음 커리어를 시작할 때 반드시 '성공할 것'이라고 믿었는지 질문했다.

휴 그랜트: 사실 뭔가 훌륭한 일이 일어나리라고 생각하지 않았습니다. 몇 해 동안 텔레비전에서 별로 잘하지 못했거든요.
인터뷰어: 그때야말로 막 비상하려던 참 아니었나요?

휴 그랜트: 실은 막 포기하려 했을 때였습니다. 그래요, 그때 비상하게 된 거지요. 〈네 번의 결혼식과 한 번의 장례식〉 오디션에 가서 "이번이 저의 마지막 오디션입니다. 저는 서른두 살이에요. 이제 질렸습니다. 모욕적이라고요!" 하고 소리 지른 것을 기억합니다. 그런 다음에 그 역할을 맡게 되었고요.

인터뷰에서 그랜트의 대답은 '물론 믿었죠!'가 아니었다. 일반적인 기준보다 늦게 성공한 사람은 그 과정에서 약간의 굴욕감을 마주하기도 한다. 그러나 행운의 여신은 자신의 마음과 금고를 열어주기 전에 우리에게 '딱 한 번만 더' 시도할 것을 요구한다. 그랜트는 그렇게 한 번 더 시도했고, 〈네 번의 결혼식과 한 번의 장례식〉이 엄청난 성공을 거둠으로써 그는 단번에 스타의 반열에 올랐다. 확률적으로 보아 이미 좋은 일들은 모두 지나갔을 거라고 해도 그는 여전히 뭔가를 할 수 있으리라고 믿었다.

어떤 사람이 유명해지는 것을 보면 우리는 그가 떡잎부터 될성부른 나무였고 이름을 떨칠 수밖에 없었다고 여긴다. 그러나 저서 《경영 불변의 법칙Focus》에서 알 리스는 주목할 만한 사람이 되기 위한 비교적 직접적인 조언을 제시한다.

"당신이 할 일은 지도자들이 지금의 위치에 서기 전에 한 일을 연구하는 것이다. 지도자가 된 이후가 아니라."

TV 프로그램과 대중잡지는 스타들이 유명해지기 전에 했던 우스꽝스럽거나 당혹스러운 일들을 캐내기 좋아한다. 그들의 '행운'을 이끌어낸 고된 노력이나 인성의 단련에는 별반 관심이 없다. 하지만 그러한 행운이 찾아오기 전 했던 노력과 밟았던 단계를 점검하는 것은 상당히 의미 있다. 훗날의 성공을 준비하기 위해 그들은 무엇을 했던가? 후에 훌륭한 역할을 해낼 수 있도록 어떻게 자기 자신과 판단의 힘을 갈고 닦았는가?

'주목할 만한 사람이 되려고 애쓰는 것'은 아무 소용이 없다. 대신 주목할 만한 직관이나 지혜를 추구해야 하며, 그것은 훗날 진정으로 의미심장한 일을 하거나 뛰어난 성과를 이루도록 문을 활짝 열어줄 것이다. 마더 테레사가 교사로 보낸 19년 동안 함께 살았던 수녀들의 인터뷰를 보면 병약하다는 것 외에 그녀에게 두드러진 점이 있다는 것을 기억한 사람은 아무도 없었다. 외부에서 보기에 그녀는 다른 수녀들과 별반 다를 바 없었겠지만, 내면은 뚜렷하게 움직이고 있었다.

이상과 현재 모습 사이의 괴리 때문에 지나치게 낙담할 필요는 없다. 뭔가 다른 일을 하는 자신의 모습, 진정한 영향력을 지닌 인물이 된 자신의 모습을 그려보는 것을 두려워하지 말자. 성취는 부분적으로는 강인한 자기 신뢰에 기인한다. 더욱 중요한 점은 스스로에게, 그 일을 하거나 그 사람이 될 수 있는 '시간'을 할애하는 것이다.

천직은 갑작스레 다가오지 않는다

댄 브라운은 1964년 뉴햄프셔에 있는 유명한 사립학교 수학 교사와 교회 오르가니스트 사이의 세 자녀 중 맏이로 태어났다. 대학에서 그는 열성적인 가수였고, 합창단의 일원으로 세계를 돌아다니며 노래를 불렀다. 스페인어와 영어로 학위를 받기도 했다. 그러나 그의 열망은 싱어송라이터로 성공하는 것이었다.

1980년대 중반에 브라운은 어린이 음악 카세트를 녹음했지만 고작 100여 장이 팔렸을 뿐이었다. 1990년에는 성인용 음악 CD를 냈지만 이번에도 잘되지 않았다. 끈기 있게 브라운은 성공의 꿈을 품고 로스앤젤레스로 이주했다. 그는 돈을 벌기 위해 학교에서 학생들을 가르치면서 전미작곡가협회와 관계를 맺게 되었다. 여기서 활동하면서 그는 예술성 계발 디렉터인 블라이스 뉴런을 만났고, 두 사람 사이에 사랑이 싹트면서 그녀는 적극적으로 그의 일을 돕기 시작했다. 또다시 형편없는 판매고를 올린 앨범 한 장을 더 내고 난 뒤 두 사람은 할리우드를 떠나 브라운의 고향 뉴햄프셔로 돌아갔고, 그곳의 지역 학교에서 브라운은 스페인어를 가르쳤다. 아직 음악을 포기할 수 없었던 브라운은 또 다른 CD, '천사와 악마 Angles & Demons'를 냈지만 이번에도 판매는 저조했다. 이미 30대 중반에 접어들었는데 가족과 친구들을 제외하면 댄 브라운이 성공을 하거나 말거나 관심 있는 사람조차 없었다.

그러나 1994년 타히티에서 휴가를 보내던 브라운은 시드니

셀던의 스릴러 소설을 읽게 되었고, 이것보다는 더 잘 쓸 수 있겠다는 생각에 스페인 세비야에 있는 미국안보국NSA 지부의 암호해독 부서를 배경으로《디지털 포트리스Digital Fortress》를 쓰기 시작했다. 아내와 함께《피해야 하는 남자들 187: 사랑에 실패한 여성들을 위한 가이드187 Men to Avoid: A Guide for the Romantically Frustrated Woman》와 한 권의 유머책을 낸 것도 이 무렵이었다. 2년 후, 음악에서는 아무 전망이 없겠다는 결론을 내린 브라운은 전업 작가가 되기로 마음먹었다.

1998년《디지털 포트리스》를 출간해 줄 출판사를 만났을 때 브라운은 34세였다. 뒤이어 1999년《천사와 악마Angels and Demons》, 2001년《디셉션 포인트Deception Point》가 나왔다. 판매가 형편없지는 않았지만 베스트셀러라고는 할 수 없었고, 스릴러 문학계에서 여전히 그는 그렇고 그런 존재에 불과했다.

그러나 2009년 3월, 39번째 생일을 맞기 몇 달 전에《다 빈치 코드Da Vinci Code》가 출간되었다. 파리의 부르르 박물관에서 벌어진 살인 사건을 시작으로 비밀결사와 기독교의 대체적 역사를 파헤친다는 내용이 담긴 흥미진진한 오컬트 미스터리였다. 더블데이Doubleday 출판사는 다른 책들보다 이 책에 유독 흥분했고 잘 팔리리라는 예상에 초판 8만 5천 부를 출간하기로 했다. 그러나 출판사도 독자들의 반응이 그 정도일 줄은 상상도 하지 못했다. 출간 첫해에 몇백만 부가 팔리고 이듬해에도 높은 판매고를 올리면서 40세로 접어든 브라운의 삶은 완전히 바뀌었다. 출간 후 3년이 지나자《다

빈치 코드》는 6천만 부 넘게 팔렸고 브라운은 〈포브스Forbes〉지의 저명한 부자 순위에 이름을 올릴 정도가 되었다. 문학성이 높은 작품은 아니어도 브라운은 몇 해 동안 책 한 권 집어 들지 않았던 수백만의 사람들을 다시 독서의 세계로 이끌었다.

브라운의 첫 작품과 《다 빈치 코드》 신드롬 사이의 기간은 9년이었다. 늦은 나이에 글을 쓰기 시작한 것을 고려하면 굉장한 성과였다. 1986년에 대학을 졸업한 이래로 늘 창조적인 성과를 이루고 싶어 했지만 사실상 진정한 인정을 받기까지는 17년의 세월이 필요했다.

왜 브라운은 글쓰기를 훨씬 잘할 수 있는데도 계속해서 음악에 파고들었을까? 높은 야망에도 불구하고 자신이 음악에서 결코 성공하지 못하리라는 깨달음을 얻기까지는 상당한 시간과 자기 인식이 필요했다. 다른 분야에 착수해 성공할 시간이 충분하다는 사실을 깨닫기까지도.

처음에 성공하지 못했다면 다른 것을 시도해 보자. 브라운은 음악으로 뭔가를 이루어내지는 못할 것이며 다른 것을 시도해 보는 편이 낫겠다는 것을 깨달을 수 있을 정도로 스스로에 대한 인식을 제대로 갖고 있었다. 자기계발서는 하나같이 인내의 힘에 대해 열변을 토하지만 그 안에는 올바른 길을 꾸준히 걸어갈 때만 힘을 가질 수 있다는 조건이 붙어 있다. 브라운은 인내심과 '실험성'이 어떻게 결합되어야 재능을 가장 잘 활용할 수 있는지를 보여주는 교과서라 할 수 있다. 그는 항상 자신에게 '무언가'가 있다는 것을 알고 있었다. 문제는 그것을 쏟아 부을 수 있는 제대로 된 그릇을 찾는 것뿐이었다. 배우자가 자신의 열렬한 지지자였다는 점도 크나큰 차이를 낳는 데 한몫했다. 블라이스 브라운은 남편의 음악적 커리어를 위해 쉼 없이 일했고, 두 권의 책을 그와 함께 썼으며, 남편이 성공을 하기 위한 최상의 선택이라고 결단을 내리고 스릴러 소설을 쓰기 시작하자 수석 연구원을 자임했다.

성공할 것으로 믿고 선택한 길(브라운의 경우에는 음악)을 포기하기는 쉽지 않지만 역설적으로 이러한 희생은 종종 진정한 소명으로 향하는 길이 된다. 자신의 천직을 찾았을 때 브라운은 30세, 마더 테레사는 36세였지만, 그 뒤로도 몇 년이 지난 후에야 진정한 진보를 시작할 수 있었다. 만약 브라운이 언제든 기회를 받아들일 준비가 되어 있지 않았다면 오늘날《다 빈치 코드》는 없었을 테고 아무도 듣고 싶지 않아 하는 삼류 음악 CD들만 남아 있을 것이다. 30대 초반에 변화에 열려 있었기에 40세에 가까워질 무렵 브라운은 두 손으로 힘차게 성공을 움켜쥘 수 있었다.

로이 리히텐슈타인은 항상 화가가 되겠다는 확신을 지녔지만 이런 확신이 성공으로 향한 그의 길을 앞당겨 주지는 못했다. 1923년 뉴욕의 중산층 가정에서 태어난 그가 다닌 사립학교는 커리큘럼에 미술 수업이 들어 있지 않았기 때문에 토요일 아침에 따로 회화 수업을 받았다. 학교를 졸업하자 그는 뉴욕 아트 스튜던츠 리그에 다니다가 오하이오 최초의 순수미술 과정 중 한 곳에 등록했다.

제2차 세계대전이 발발하자 리히텐슈타인은 기초 훈련을 받은 뒤 유럽으로 가게 되었고, 그곳에서 군 복무 중 시간을 내어 런던과 파리의 미술관들을 돌아다녔다. 복무 기간 막바지에 이르자 그는 소르본에서 미술 강좌를 듣기 시작했지만 1946년 아버지의 별세 소식에 미국으로 돌아왔다. 미국 제대군인원호법에 따라 그는 오하이오 주립대학에서 학위를 마치고 미술을 가르치게 되었다.

1950년대 내내 리히텐슈타인은 가정을 꾸리고 돈을 벌기 위해 안간힘을 쓰며 보냈다. 미술 강사로서 다양한 일자리를 전전했지만 종신직은 요원했고 그는 공사 설계도 그리기, 매장 원도 장식가, 건축모형 만들기 같은 여러 가지 일을 해야 했다. 1951년 뉴욕에서 첫 번째 소규모 개인전을 열었지만 미술 작품에서 나오는 수입은 없는 것이나 마찬가지였고 인테리어 디자이너로 일하는 아내가 버는 돈이 주요 수입원이었다. 뉴욕으로 여행을 가면 그는 현대 미술의 총아로 떠오르고 있던 잭슨 폴록과 프란츠 클라인, 빌럼 데 쿠닝 등이 자주 들르는 시더 바Cedar Bar를 찾곤 했다. 그러나 수줍음이 많아 자기를 소개할 엄두는 내지 못했다. 조각가 리 추리는 이 시기의 그에 대해 이렇게 말했다. "그는 자기가 하는 일에 무척 낙담했습니다. 실패했다고 느꼈지요." 작품에서 특별한 독창성이라고 할 만한 것은 찾을 수 없었기 때문에 그는 그저 유행이던 추상표현주의를 따르는 미술계 아웃사이더였다.

1957년 그는 캐나다 국경 근처 오스위고의 뉴욕대학교에서 일자리를 얻었지만 그것이 돈을 벌기 위해 해야 하는 끔찍한 일처

럼 느껴졌다. 미술계의 중심인 뉴욕과는 상당히 멀리 떨어진 곳이었
다. 부부는 얼어붙을 듯 추운 겨울이 질색이었고 적당한 일자리를
얻지 못한 그의 아내는 술을 마시기 시작했다. 리히텐슈타인의 커
리어는 이대로 끝나는 것 같았다.

그러다 1960년, 그는 뉴저지주립대학교에서 일자리를 얻게
되었다. 이곳의 생동감 넘치는 학부는 새로운 희망을 안겨주었고
그는 실험을 할 용기를 냈다. 예전에 도널드 덕, 미키 마우스와 벅
스 버니를 잉크로 그린 경험을 살려 1961년 여름 한 방파제 위에
거대한 캐릭터 그림을 완성했다. 이것은 곧 그를 유명하게 한 스타
일이 되었다. 그의 아들도 이 '팝 아트'로의 전환에 부분적인 공헌
을 했다고 할 수 있다. 만화책에서 미키 마우스의 이미지를 고른 다
음 "아빠는 이렇게 잘 그리지 못할걸!" 하고 아버지에게 도전장을
내밀었던 것이다.

1961년, 뉴욕의 레오 카스텔리 갤러리에서 리히텐슈타인의
새 작품을 전시하게 되었고, 이듬해에 그는 광고 기법을 사용해 만
화에서 따온 이미지를 수천 개 색채의 점으로 거대한 화폭에 옮긴
유명한《광!Whaam!》과《키스The Kiss》를 발표했다. 이 작품들은 그
가 지금까지 온 힘을 쏟았던 추상화들과 더 이상 다를 수가 없을 정
도로 달랐다. 39세인 같은 해에 갤러리에서는 그의 단독 전시회를
열었고 대부분의 작품이 팔렸다.

그의 인생은 180도 달라졌다. 한 미술평론가가 지적한 대로
37세의 로이 리히텐슈타인은 막다른 골목에 있는 듯한 직업과 아

무도 원하지 않는 그림으로 가득한 작업실을 가지고 있었다. 하지만 40세에 그는 유명 인사가 되어 있었다.

그는 강의를 접고 뉴욕으로 되돌아간 뒤 10년 넘는 기간 동안 그림에 쏟아지는 찬사를 만끽했다. 그의 작품은 말 그대로 부르는 게 값이었다. 이제 리히텐슈타인은 앤디 워홀과 더불어 팝아트의 선구자로 꼽히며, 그의 작품은 문화적 아이러니와 시각적 찬란함으로 1960년대 소비사회를 탁월하게 반영했다는 평가를 받는다.

그의 성공은 단순히 적당한 시기에 적당한 장소에 있었던 덕택일까?

모든 화가의 작품은 물론 시대정신에 의해 형성되지만 궁극적으로 모든 예술적 진보는 용기와 관련이 있다. 1960년대의 사람들은 리히텐슈타인의 새로운 화풍에 충격을 받았으며, 콘셉트와 스타일과 테크닉 면에서 진정한 도약이었다는 사실을 인정한다.

리히텐슈타인의 비상에 대해 이야기하자면 다시 한번 '더디 익는 성공'에 딱 맞는 조합을 지적하지 않을 수 없다. 바로 실험성과 결합된 성실함이라는 조합이다. 급진적인 도약을 하기 전 여러 해 동안 추상화를 그리면서 그가 보낸 수고로운 시간을 생각해 보자. 댄 브라운과 마찬가지로 그의 행운은 자연적인 인내심과 새로운 것에 열린 마음을 조합했을 때 비로소 시작되었다. 리히텐슈타인의 경우, 세상이 그가 하고 있는 일이 매혹적이고 가치 있다는 이야기를 시작하자 그는 열심히 귀를 기울였다. 비록 처음에는 자신조차도 생경하게 느껴진 길이었음에도 말이다.

화가나 작가의 대중적인 이미지는 정오에 느지막이 일어나 두어 시간 그림을 그리거나 펜을 까닥대다가 밤이 되면 술을 마시러 나가는 모습이다. 사실 이런 부류도 적지 않지만 그 사람들이 뭔가를 이루었다면 그것은 '그런 생활을 하기 때문에'가 아니라 '그런 생활을 함에도 불구하고'라고 해야 옳다.《다 빈치 코드》를 쓸 때 댄 브라운은 날마다 오전 4시에 일어나 점심시간까지 글 쓰는 일을 몇 해 동안 반복했다. 리히텐슈타인은 날마다 규칙적으로 일했다는 점과 전망 있는 방향을 따랐다는 의식적인 선택, 이 두 가지 측면에서 집중을 통해 성공한 인물이라 할 수 있다. 브라운과 리히텐슈타인의 정신 수양은 앞으로 다가온 창조적인 돌파구를 100퍼센트 활용하는 밑거름이 되었다. 아이디어를 '실행에 옮길 수 있는' 능력을 부여해 준 것이다. 30세라면 그런 기술을 익히지 못했을 테지만 40세쯤에는 상상력과 실행의 혼합이 자연스럽게 자리를 잡고 있었다.

브라운과 리히텐슈타인의 커리어가 정지 상태에서 다다랐다면 짐 그랜트의 경우에는 완전히 빼앗긴 것이나 다름없었다. 40세에 접어들었을 때 짐 그랜트는 영국 텔레비전 회사인 그라나다 Granada의 송출감독 자리를 잃었다. 18년 동안 회사에 재직하면서 〈브라이즈헤드 리비지티드〉와 〈크래커〉 같은 프라임타임 드라마를 다수 만들어 낸 팀의 일원으로 꽤나 성공적인 직장생활을 한 터였다. 그러나 부양해야 할 가족이 있는 처지에 구조조정의 대상이 된 것이다.

절망에 빠지는 대신 그랜트는 종이와 연필을 사서 책을 쓰기 시작했다. 앞날이 밝아 보이는 선택이라고 할 수는 없었지만 그는 "창의력과 금전적 필요가 정확히 반반씩 섞인 분노로" 글을 썼다.

그랜트는 이미 큰 생각을 하고 있었고 미국 최고의 스릴러 작가가 되는 것을 목표로 삼았다. 그런 야망에는 정신 차리라는 소리를 듣기가 십상이겠지만 1995년 3월 원고《킬링 플로어》를 한 에이전트(달리 앤더슨)에게 보냈을 때 그의 삶은 완전히 달라졌다.

처음 책을 쓰기 시작한 몇 주 동안 그랜트는 아직 주인공의 이름을 정하지 못하고 있었다. 190센티미터가 넘는 그랜트가 어느 날 아내와 함께 슈퍼마켓에 갔을 때 아내가 말했다.

"글쓰는 일이 잘 안돼도 당신은 슈퍼마켓에서 리처(reacher, 높은 곳에 있는 물건을 꺼내주는 사람: 역주)로 얼마든지 일할 수 있을 거예요."

결국 그의 주인공은 서부영화의 주인공과 제임스 본드를 합쳐놓은 영웅 잭 리처가 되었다. 잭 리처는 미국을 가로지르며 갖가지 폭력적인 사건에 휘말리고 정의를 실현하는 역할을 한다.

아마도 당신은 "글쎄, 짐 그랜트란 이름은 들어본 적이 없는 걸. 아마 두 번째 책이 폭삭 망했나 보지?"라고 생각할지도 모르겠다. 그러나 그랜트는 필명 리 차일드로 우리에게 알려져 있고《불운과 문A Bad Luck and Trouble》,《잃을 것이 없다Nothing to Lose》등 1,600만 부 넘게 팔린 잭 리처 시리즈로 더욱 잘 알려져 있다. 잭 리처 이야기는 할리우드 영화로도 만들어졌다. 현재 그는 맨해튼에 살고 있으며 수많은 부동산을 소유하고 있다.

많은 작가와 화가들이 "나는 예술가니까"라며 변명하곤 한다. 예술가이기 때문에 커리어를 위해 명확한 목표를 세우는 것과 같은 속된 짓은 하지 않겠다는 식이다. 물론 예컨대 5~10년이 지난 뒤 어떤 위치에 서고 싶은지 명시하지 않은 채로 성공하는 것도 가능하지만, 만약 성공을 한다면 명확한 방향성이 '없었음에도' 성공한 것이지 '없었기 때문에' 성공한 것은 아니다.

　　금전적인 필요성과 억압되었던 창의성이 그에게 최초의 강력한 소설을 쓰게 하는 힘이 되기는 했다. 그러나 자신이 선택한 분야에서 정점에 올라 그곳에 머물겠다는 장기적인 목표가 없었다면 그의 커리어는 한두 권의 책이 나온 뒤에는 차츰 쇠락했을 것이다.

　　대부분의 사람들은 40세의 나이에 일에서 밀려나면 패닉 상태에 빠져 저축해 놓은 돈이 다 떨어지기 전에 뭔가 찾기를 간절히 바라면서 자신이 여태껏 해왔던 분야와 유사한 일을 찾기 시작한다. 그러나 차분히 물어보자. "이 사건('재앙' 같은 이름표를 붙이지 않도록 주의해야 한다)이 내게는 어떤 기회를 줄 것인가?"

　　짐 그랜트가 신념에서 큰 비약을 하기는 했지만 무책임하거나 비현실적이지는 않았다는 점에 주목하자. 그는 가야 할 새로운 길이 있다는 것을 알았고 가족의 안위를 고려하는 신중한 모험에 나섰다. 이미 산을 넘었다거나 뭔가 위대한 일을 시작하기에 너무 늦었다고는 믿지 않았다. 자신이 원하는 것을 이루기까지 몇 해가 걸릴 수 있다는 것을 알았지만 그렇다고 해서 멈추지 않았다. 선택할 수 있는 길은 우리 생각보다 항상 다양하게 마련이지만 마음가짐이 잘못되면 결코 우리 앞에 열리지 않는다. 혼돈 너머에는 가능성이 놓여 있다.

한 인터뷰에서 그는 이런 질문을 받았다. "상당히 늦은 나이부터 글을 쓰기 시작하셨습니다. 내면의 언어들을 밖으로 제대로 꺼내놓기 위해서 그 전에 삶을 살아보는 것이 얼마나 중요할까요?" 그는 이렇게 대답했다.

"결정적이라 해도 과언이 아니라고 생각합니다. 제 경우에도 그렇고 동료들을 보아도 그렇지요. 처음에 우리 모두는 다른 것을 했습니다. 저는 글을 쓴다는 것은 전적으로 인생의 두 번째 장'의 일이어야 한다고 생각합니다. 물론 작가가 스물두어 살 때 쓴 성공적인 작품도 더러 있기는 하지만요. …… 하지만 그들 중에 두 번째 책을 성공시킨 사람은 얼마나 될까요? 레이먼드 챈들러나 로버트 러들럼 같은 작가들과 마찬가지로 저는 마흔이 되어서야 글을 썼습니다. 제가 아는 모든 성공적인 작가들은 글을 쓰기 전에 우선 다른 일을 하면서 반평생을 살았습니다."

틀림없는 진실이다. 그리고 이 말은 글쓰기 분야에만 국한될 수는 없고 또 그러하지도 않다. 당신이 '뭔가를 하면서 반평생을 살았다'면 이제 두 번째, 더 나은 반평생을 위한 준비가 되어 있는 것이 아닐까?

인생 2막은 40부터

1930년대에 철학자 월터 B. 피트킨은 같은 세대의 미국인들에게 '우리는 매우 운이 좋다'고 이야기하는 한 권의 책을 펴냈다. 경제적으로 어려운 시기이기는 했지만 부모나 조부모 세대에 비하면 훨씬 풍요로웠다. 삶의 중후반에는 단순히 '먹고사는 것'을 넘어서 인생에 대해 진지하게 생각할 수도 있게 되었다. 그는 기계화 시대가 되기 전까지만 해도 대부분의 사람들은 고되고 따분한 육체적 노동 탓에 40세쯤이면 이미 탈진한 상태였다고 지적했다. 예를 들어 제1차 세계대전이 일어날 무렵, 영국 정부는 잉글랜드의 공장지대와 광산 마을을 돌며 신병 모집에 나서야 했다. 신병들의 신체적 상태에 대해 보고하라는 요청에 한 의학 이사회의 대표는 이렇게 썼다. '이미 30대 중반이다. 맨체스터 주변의 노동 계층 대부분은 38세 정도로, 군사적인 면에서 보면 노령이라 할 수 있다. 그들의 장애 리스트는 섬뜩할 지경이다.'

피트킨의 베스트셀러 《인생은 40부터Life Begins at 40》는 독자들로 하여금 40이라는 나이는 끝이라기보다는 시작에 가깝다는 것을 납득시키려는 목적이 있었다. 그러나 피트킨의 시절에는 과도한 낙관주의처럼 보였을지 몰라도 기대수명이 훨씬 늘어나고 번영을 누리게 되면서 이제 그 표현은 누구나 인정할 수밖에 없는 진리처럼 되었다.

대부분의 40세들은 은퇴 연령으로 65세를 염두에 두고 있으며 그렇기 때문에 "이제 생산 연령이 25년밖에 남지 않았구나" 하고 생각한다. 그러나 생산성의 기간에 대해 넓은 관점을 취한다면 흥미로운 일이 벌어진다. 40세가 생산성이나 성취에서 끝이 아닌 진정한 시작으로 돌변하는 것이다. 앞으로도 당신에게는 야망을 충족시킬 수 있는 40년, 다시 말해 삶의 3분의 2가 오롯이 남아 있다.

당신의 삶을 이끄는 것은 무엇인가

40년을 살았다는 것은 자신이 어떤 사람인지, 무엇을 잘할 수 있는지 막 깨달았다는 뜻이다.

이 나이 즈음이면 끈기의 가치를 익히 알게 되고, '되는 것'을 찾기 위해 계속 실험할 만큼 현명해진다. 우리는 어릴 때 동료, 스승 또는 부모의 기대에 부응해야 한다는 압박감을 느꼈지만, 이제 우리는 스스로만 상대하면 된다.

도덕적으로 고매한 사람들은 커널 샌더스나 댄 브라운과 같은 선상에서 간디와 마더 테레사를 언급한다는 것에 대해 반발할지도 모른다. 하지만 모두 한 가지 측면에서 유사한 점이 있다. 그들은 40세 무렵이 되어서야 자기 자신을 발견했고, 자신의 삶에 가장 큰 영향을 줄 수 있는 것이 무엇인지 계속해서 찾았다는 점이다. 이와 같이 열린 마음을 갖는다면, 당신도 스스로의 삶에 특별한 영향력을 주는 무언가를 발견할 가능성은 무궁무진하다.

4~50대가 되어서야
잠재력을 폭발시킨 사람들

1960년대부터 1990년대에 이르기까지 수백만 미국인의 요리법을 향상시킨 줄리아 차일드는 37세가 되어서야 요리를 배우기 시작했고, 40대 후반에야 자기 분야에서 이름을 떨치기 시작했다.

30대 초반의 베티 프리던이 한 노동조합 신문의 기자로 일하다 해고되었을 때 그녀는 둘째를 임신한 상태였다. 그녀는 프리랜서로 조금씩 글을 쓰기는 했지만 세 자녀를 둔 어머니로서는 쉽지 않은 일이었고, 20대와 30대 내내 안간힘을 써야 했다. 35세가 되었을 때야 프리던에게 흥미로운 프로젝트가 주어졌다. 졸업 후 15년이 지난 뒤 그녀가 나온 스미스 대학 동급생들에 대한 연구였다.

인터뷰 결과 많은 여성들이 만족스럽지 못한 전업주부로 살고 있다는 것이 밝혀졌고, 이 연구는 1963년 세상에 나오자마자 수백만 부가 팔린 베스트셀러이자 페미니즘 운동 '제2의 물결'의 촉매제가 된《여성의 신비The Feminine Mystique》의 출간으로 이어졌다. 자녀들이 학교에 다니게 되자 프리던에게는 글을 쓰고 연구할 시간이 많아졌고, 40대 초반에 이 책을 출간한 후 그녀는 사회적인 인사가 되었다.

한동안 우울증을 앓고 난 뒤 사회학자 막스 베버는 40세에 유명한 에세이《프로테스탄티즘의 윤리와 자본주의 정신protestantische Ethik und der Geist des Kapitalismus》을 썼다. 토마스 아퀴나스는 40세가 거의 되어서야 저명한《신학대전Summa Theologiae》을 썼다. 토마스 쿤은 학계에서 눈에 띄지 않는 존재였지만 40세에 20세기에 널리 언급된 논픽션 중 하나인《과학혁명의 구조The Structure of Scientific Revolutions》를 발표했다. 대학에서 그의 커리어는 대부분 물리학 쪽이어서 과학철학 분야에서는 상당히 늦은 나이에 출발한 사람이었다.

프랑스 화가 루소는 40대가 되어서야 그림을 그렸고 그 이후에도 몇 년 동안 세관원으로 남아 있었다.

마약중독자이자 강도였던 대니 트레조는 11년이나 감옥을 전전하다가 41세에 12단계 갱생 프로그램으로 자신의 삶을 완전히 바꾸었다. 한 영화 세트장에 친구를 만나러 갔다가 엑스트라 역할을 하게 되었고 그다음부터 터프가이 역할로 조지 클루니, 조니 뎁, 로버트 드 니로에게 뒤지지 않는 주목할 만한 커리어를 쌓기 시작했다.

새뮤얼 L. 잭슨은 40대 내내 헤로인과 코카인 중독자로 지냈지만 스파이크 리 감독이 한 영화에서 배역을 맡기면서 다시 화려한 경력을 이어나가게 되었다.

샘 월튼은 44세에 최초의 월마트 매장을 열기 전에 20년 넘는 기간 동안 소매업에 대한 지식을 갈고 닦았다.

20세기의 가장 위대한 소설 중 한 권으로 꼽히는 파리에서의 보헤미안적인 삶을 묘사한 헨리 밀러의 《북회귀선Tropic of Cancer》은 그의 나이 43세에 발표한 작품이다.

무명의 폴란드 상인 레흐 바웬사는 37세에 폴란드 자유노조인 솔리다르노시치의 지도자로 선출되었다. 공산주의 권력에 대한 저항은 소비에트 시대에 종지부를 찍는 데 큰 역할을 했고 그는 47세에 폴란드의 대통령이 되었다.

"내면의 기쁨을 따르라"고 조언한 미국의 신화학자 조지프 캠벨은 한 오두막에 살면서 매일같이 책을 읽으며 20대를 보냈다. 별 볼 일 없던 첫 번째 일자리도 30대에 들어서야 가질 수 있었다. 그는 '발표하거나 도태되거나'라는 학계 금언에 그다지 신경 쓰지 않았다. 조지 루카스에게 영감을 주어 '스타워즈'를 탄생시킨 캠벨의 가장 유명한 책 《천 개의 얼굴을 가진 영웅The Hero With a Thousand Faces》은 45세 때 출간되었다.

오스트레일리아의 한 의과대학에서 하워드 플로리는 언제나 클래스 최우등이었고 세 가지 장학금을 탔다. 그러나 그를 유명하게 만든 항생물질 실험을 할 때는 40세가 넘은 나이였다. 페니실린을 실제로 발견한 사람은 알렉산더 플레밍이지만 그것을 사람에게 적용할 수 있게 만들어 수백만의 목숨을 구한 것은 플로리와 그의 파트너 언스트 체인의 성과다.

조지 W. 부시가 40세에 영원히 술을 끊기 전까지 그의 삶은 아무것도 아니었다.

워런 버핏의 멘토였으며 전설적인 가치투자자인 벤저민 그레이엄은 월스트리트에서 20년을 보낸 뒤에야 책 한 권을 썼다. 그의 고전 《증권 분석Security Analysis》은 그의 나이 40세 때인 1934년에 출간되었다.

저명한 현대의 투자자 중 한 사람인 조지 소로스는 브로커와

애널리스트로 14년 동안 실무를 쌓은 뒤 39세의 나이에 널리 알려진 퀀텀 펀드Quantum Fund를 시작했다.

시인 T. S. 엘리엇은 40세에 7년 동안 작업한 끝에《황무지 The Wasteland》를 출간했다. 20대 초반에 외무성에 지원했다가 떨어진 뒤 이언 플레밍은 저널리스트, 은행원, 주식 중개인, 해군 정보장교, 그리고 한 미디어 그룹의 간부까지 다양한 직업을 거쳤다. 그가 전업 작가가 된 것은 생의 마지막 10년뿐이었다. 제임스 본드 캐릭터를 세상에 소개한《카지노 로얄Casino Royale》은 40대 중반이던 1953년에 출간되었다.

43세의 루스 핸들러와 남편 엘리엇은 10년 넘게 소규모 장난감 가게를 운영하다가 아메리칸 토이 페어에 '바비'(딸의 이름을 따서) 인형을 선보였다. 모든 인형이 어린 소녀의 모습을 하고 있던 시기에 성인 모습의 바비인형은 두 사람이 운영하는 마텔 회사를 전후 기업 성공 사례의 하나로 우뚝 서게 했다.

CHAPTER

NEVER TOO LATE TO BE GREAT

50이라는 나이가
빚어내는 마술

떡갈나무는 50년이 지나야 생산력이 생겨 그때부터 비로소 열매를 맺기 시작한다.

사람도 마찬가지이다. 몇십 년 동안 아무 일도 일어나지 않다가 갑자기 만개하는 경우가 적지 않다. 우리는 늦게 꽃을 피우는 것이 무슨 이슈처럼 '늦깎이'니 '대기만성형 인물' 같은 표현을 쓰지만 사실상 그 말은 동어반복에 불과하다. 성숙함이라는 것은 적당한 때가 되어서야 나타날 수 있는 특질이니까.

다른 비유를 해보자. 40대가 증기를 모으는 기간이라면 50대는 기관차가 전속력으로 달리는 때이다. 이 10년 동안 많은 이들이 건강과 향상된 기술과 지혜가 결합된 힘의 정점을 깨닫는다. 커리어가 정상에 오를 수도 있고, 새로이 시작될 수 있다. 우리는 앞에서 나이 그 자체는 준비성과 열정에 견주면 조금도 중요하지 않다는 사실을 살펴보았다. 90대까지도 많은 이들이 건강하게 사는 이 시대에, 50살이 되면서 "이제는 나의 다음 반세기가 시작되는구나"
하고 이야기하는 것은 더 이상 터무니없는 짓이 아니다.

언제 피크타임이 올지 누구도 알 수 없다

줄리아 마거릿 패틀은 외모가 출중하기로 정평이 난 가문에서 자라
났다. 뛰어난 미모를 가진 어머니 아델라인은 프랑스 귀족의 딸로,
동인도회사에서 일하던 상류층 영국인인 남편 제임스를 만나 일곱
명의 딸을 두었다. 줄리아는 넷째 딸이었다.

가까운 친척인 버지니아 울프는 그 딸들 중 세 명에 대해 이
렇게 묘사했다. 아름다운 아이, 활기찬 아이, 그리고 재능 있는 아
이(줄리아). 그 당시의 사회적 제약 속에서도 줄리아의 재치 있고 창
의적인 본성과 에너지는 확실히 하나의 자산이기는 했지만, 그녀는
미운 오리 새끼까지는 아니어도 꽤나 평범한 축에 속했다.

프랑스와 영국에서 교육을 받은 뒤 그녀는 인도로 돌아가 20
년 연상의 찰스 헤이 캐머런과 결혼했다. 찰스는 훗날 영국령 인도
의 형법전을 작성하는 데 일조한다. 10년 동안 줄리아는 자녀를 키
우고 식민지에서 사교계 귀부인으로 지내는 생활을 즐겼다.

찰스가 은퇴하자 가족은 영국으로 돌아왔다. 런던에서는 줄리
아의 한 자매가 리틀 홀랜드 하우스에 사교 살롱을 꾸려놓고 있었
다. 이 살롱은 새커리, 테니슨, 브라우닝을 포함한 작가나 시인, 조

175

지 프레드릭 와츠와 에드워드 번 존스 같은 화가, 그리고 화가였다가 포토그래퍼가 된 데이비드 윌키 윈필드 같은 당대 유명 인사들이 자주 모이는 장소였다. 줄리아는 그곳의 비교적 자유분방한 분위기를 좋아했다. 훗날 캐머런 부부는 와이트섬의 프레시워터에 있는 친구 테니슨 부부의 집 곁에 시골집 두 채를 구입해 그곳을 또다른 문화적 중심지로 만들었다. 인도에서의 옛집 이름을 따서 딤볼라 로지라 불리던 곳이었다. 화가와 지식인들과 작가들(루이스 캐럴을 포함해서)이 방문했고 포토그래퍼 오스카 레일랜더는 그곳에서 가족사진을 찍어주었다.

어느 크리스마스에 줄리아 혼자 딤볼라에 있을 때(찰스는 두 아들과 함께 실론에 있는 자신들의 커피 플랜테이션 농장을 방문하고 있었다), 그녀의 딸과 사위가 찾아왔다. 두 사람은 어머니의 외로움을 달래려고 선물로 카메라를 주었다. 카드에는 이렇게 적혀 있었다.

"프레시워터에서 고독함이 느껴지면 사진을 찍어 보세요. 즐거울 거예요."

48세 때 받은 그 선물은 '즐거움'만 주는 것이 아니었다. 그녀의 삶을 완전히 변화시켰다.

요즘에야 선물로 카메라를 받는 것이 엄청난 일이라고는 할 수 없지만 당시에는 사용하는 사람의 기술적 지식과 활용 능력이 필요한 값비싼 선물이었다. 게다가 인화 과정도 무척 까다로웠다.

줄리아는 이미 사진 앨범을 만들어 선물해 본 적이 있기는 했지만 자기 카메라를 갖게 되자 갑작스럽게 그녀의 놀라운 에너지가 샘솟았다. 딤볼라의 석탄 저장고는 암실이 되었고, 닭장은 스튜디오가 되었다. 삶에서 뒤늦게 열정을 발견하자 데이비드 윌키 윈필드의 충고를 받아들여 그녀는 꾸준히 사진 작업을 했다. 몇 달 만에 판매와 전시하기에 충분한 작품을 내놓을 수 있었다. 곧 런던 사진 협회의 회원이 되었고, 대영박물관에도 작품을 팔았다. 마침내 출구를 찾은 '재능'은 한순간도 머뭇거리지 않고 쉼 없이 분출되었다.

줄리아의 트레이드 마크가 된 것은 화면을 꽉 채운 강렬한 초상이다. 찰스 다윈, 앨프리드 테니슨 경, 저명한 천문학자 허셜, 배우 엘렌 테리, 에세이스트 토머스 칼라일과 라파엘 전파 화가들인 밀레이, 로세티와 번 존스 등이 그녀가 자주 찍은 대상이었다. 그녀의 스타일은 지금까지도 많은 사람들이 따르고 있다. 대가 빅토르 위고는 그녀에 대해 이렇게 찬사했다.

"아무도 당신처럼 햇살을 포착해 내고 이용하지 못했습니다. 당신의 발아래 내 몸을 던집니다."

놀라운 사실은 바로 50세에 이르러서야 그녀가 자신의 예술성을 발견하게 되었다는 것이다.

남보다 늦게 발동 걸린 사람들의 비밀

자연적으로 무르익은 또 다른 예로는 애니 프루를 들 수 있다. 프루는 코네티컷에서 1935년 다섯 자매의 맏이로 태어났다. 그녀의 아버지는 미국으로 이주한 프랑스계 캐나다인이었다. 그는 한 직물회사의 부사장이었고 부친의 일 때문에 가족들은 이 주에서 저 주로 숱하게 옮겨 다녀야 했다. 1600년대부터 코네티컷에서 터를 잡고 살아온 집안 출신인 그녀의 어머니는 화가이자 투철한 자연주의자였고 할머니는 유명한 이야기꾼이었다.

프루는 포틀랜드에서 고등학교를 나와 대학에 진학했지만, 당시 흔히 그랬듯이 대학을 중퇴하고 결혼을 했다. 이 결혼생활은 고작 몇 년밖에 가지 않았고, 딸은 남편 손에서 자라게 되었다.

프루는 30대가 되어서야 다시 대학에 입학했고, 1969년에 버몬트대학교 역사학과를 우등으로 졸업했다. 그곳에서 그녀는 다시 결혼했다. 이 파란만장한 두 번째 결혼에 대해 프루는 "입을 다물수록 더 낫다"고 썼지만 그 사이에 두 아들이 태어났다. 세 번째 결혼은 20년 동안 평화롭게 지속되다 끝났지만 그 결과로 그녀는 자신이 "결혼에는 그다지 맞지 않는 사람"이라는 결론에 다다랐다.

1973년 그녀는 몬트리올의 서조지윌리엄스대학교(지금의 콘코디아대학교)에서 석사학위를 받았고, 박사과정 구술시험까지 치렀다. 일자리가 별로 없어 학계에서의 미래를 확신하지 못했기 때문에 1975년 40세의 프루는 학교를 떠나 저널리스트가 되었다. 이어지는 13년 동안 그녀는 실생활 주제를 다양하게 다룬 한 잡지에 글을 썼다. 1980년대에 그녀가 《울타리와 게이트 손수 만들기》, 《통로》, 《벽과 진입로》, 《달콤한 하드사이다: 제조법, 사용법, 그리고 즐기는 법》 같은 제목의 논픽션 책을 냈다는 사실은 그다지 알려져 있지 않다. 당시 그녀는 버몬트의 외딴 오두막에서 살며 어렵사리 두 아들을 키우고 있었다.

프루의 초기 소설들은 사냥과 낚시 같은 야외 취미활동에 초점을 맞춘 문학잡지인 〈그레이스 스포팅 저널Gray's Sporting Journal〉에 실린 것들이었으나 1988년, 드디어 처음으로 책 형식의 소설집이 출간되게 되었다. 단편선 《마음의 노래Heartsongs》가 권위 있는 스크라이브너Scribner 출판사에서 출간되었을 때 그녀는 이미 50대에 들어서 있었다.

두 번째 책 《엽서Postcards》는 비평가들의 찬사를 받았고 소설 부문 펜포크너 상을 수상했지만, 프루를 유명하게 만든 책은 1988년 뉴펀들랜드로 낚시 여행을 가는 동안 처음 구상한 소설 《시핑 뉴스The Shipping News》였다. 100만 부 넘게 팔렸을 뿐만 아니라 소설 부문 퓰리처상과 내셔널 북 어워드를 수상했다. 당시 프루는 60세에 가까운 나이였다.

그러나 프루는 이제 막 시작일 뿐이었다. 1997년, 와이오밍(처음 보았을 때부터 사랑했던 곳이며 현재는 거주하고 있는)을 배경으로 한 두 카우보이 사이의 사랑 이야기 '브로크백 마운틴Brokeback Mountain'이 〈뉴요커〉에 실렸다. 이 단편은 1999년에 출간된 단편선《근접Close Range》에 실렸고, 2005년에는 영화로 만들어졌다. 제이크 질렌할과 히스 레저가 두 카우보이로 열연한 '브로크백 마운틴'은 아카데미상 8개 부문에 노미네이트되어 공전의 히트를 기록했다.

50대의 프루가 대중의 눈에 완벽한 모습을 갖춘 작가로 떠올랐을 때, 독자들은 여태껏 그녀가 대체 무엇을 했는지 궁금해했다. 그러나 그녀가 갖춘 매력의 일부는 그녀가 젊지 않고, 삶을 살아 보았다는 사실이었다.

10년이면 특정 영역을 섭렵할 수도 있지만 어떤 면에서 보면 최소한의 기간에 지나지 않는다. 커리어에 몸담은 지 20년 가까이 되어서야 비로소 큰 발전을 이루는 사람들도 적지 않다. 기나긴 세월처럼 들릴지 몰라도《재능은 어떻게 단련되는가Talent is Overrated》에서 콜빈이 지적한 대로 그 이면에는 19년째 되는 해에도 "아직도 더 나아지고 있다"고 위안할 수 있는 긍정적인 측면도 자리한다. 이것은 애초에 30대쯤 어느 정도의 성공을 이룬 사람이 50대가 되기까지 한동안 불후의 작품을 만들어내지 못하는 이유도 충분히 설명해 줄 수 있다.

프루 같은 더디 익는 성공 사례들이 수백만 곱절로 늘어난다면 우리 사회는 얼마나 큰 혜택을 누릴 수 있겠는가? 물론 그녀의 예를 모든 아마추어가 따를 수는 없겠지만, 재능을 갖고 있고 그 재능으로 무언가를 이루기 위해 스스로를 단련시킨다면 시간은 생각보다 한층 더 우리의 편이라는 사실을 알려준다. 과거보다 늦은 연령까지도 정신적, 육체적으로 한층 건강할 수 있게 되면서 많은 기회가 생긴 것이다. 100년 전에는 프루처럼 50대에 작가로서의 커리어를 시작할 기회를 찾기란 쉽지 않았다. 그러나 부유한 국가에서 여성이 평균적으로 80대나 90대까지 사는 현재, 그렇게 늦은 나이에 천직을 찾게 되는 것도 더 이상 놀라운 일은 아니다.

전문화된 세상에서 늦깎이가 성공하는 이유

다른 길이 열리기 전에 한 가지 역할을 완벽하게 수행해야 한다는 성공 법칙의 또 다른 예로 인간의 섹슈얼리티에 대한 획기적인 저서 《킨제이 보고서》의 저자 앨프리드 킨제이가 있다. 40대가 되기 전까지 킨제이는 벌의 한 종인 '혹벌'에 관한 세계적인 전문가였다. 그러나 그가 근무하던 인디애나대학교에서 여학생회가 기혼 학생이나 결혼을 고려하는 학생들을 위한 과정을 만들어 달라고 청원하면서 운명은 그를 다른 길로 이끌었다. 그 일은 원래 그쪽 분야와는 그다지 연관 없던 킨제이 교수 몫이 되었다. 학생들은 이런 질문들을 했다. 혼전의 오르가슴이나 섹스가 훗날 결혼생활에 어떤 영향을 미치는가.

섹스와 관련된 활동에서 무엇이 정상이고 무엇이 비정상인가……. 학생들이 가진 빈약한 지식은 종교나 철학, 혹은 사회적 통념에서 생성된 것이었고, 곧 킨제이는 사람들보다 조그만 곤충의

성적 행동에 오히려 더욱 큰 과학적 정보가 있다는 사실을 알게 되었다.

킨제이는 수천 명의 미국인들을 대상으로 한 인터뷰와 설문지 조사가 포함된 광범위한 연구 프로그램을 시작했고, 그의 나이 50대 중반인 1948년, 킨제이와 그의 팀이 작성한《남성의 성 행동 Sexual Behavior in the Human Male》이 출간되었다. 원래 대학 강좌용으로 쓰인 이 책은 예상치 않게 50만 부가 넘게 팔리면서 그는 곧 유명 인사가 되었고 킨제이 성 연구소 Kinsey Institute for Sex Research도 덩달아 유명해졌다. 5년 후 800 페이지에 달하는《여성의 성 행동 Sexual Behavior in the Human Female》이 출간되었으며 같은 해인 1953년, 킨제이는 〈타임〉지 커버에 실렸다. 서점이나 도서관에서 달라고 하기에 민망한 이름 때문인지 이 두 책은 단순히 '킨제이 보고서'로 알려지게 되었다.

20년 넘는 기간 동안 킨제이는 인간의 성적 행동에 관한 세계적 권위자가 되었지만, 잘 알려지지 않은 곤충을 연구하며 얻은 연구 기술이 없었더라면 이룰 수 없었던 성과였다.

자신의 분야에서 전문가가 되었을 때, 특화된 지식과 함께 얼마나 많은 일반적인 기술을 발전시켰으며, 이것들이 다른 분야에서 얼마나 훌륭한 쓰임새를 가질 수 있는지 당시에는 깨닫지 못하는 경우가 허다하다. 현재 하는 일의 모든 면이 마음에 들지는 않을 수 있어도 거기서 오는 특정한 기술이나 지식은 다른 분야에서 당신을 성공으로 이끌 열쇠가 될 수 있다.

진정한 영광을 위해 당신이 지금 하는 일은 무엇인가? 다음에 할 요량으로 '추가적 프로젝트'를 계획하고 있거나 혹은 이미 기술을 연마하고 있는가? 어느 날 밤늦게 레스토랑에서 신이 나서 냅킨 뒤에 끄적인 아이디어가 당신만의 독창적인 성과라는 열매를 맺을 수도 있지 않을까? 가장 단순한 아이디어가 때로는 가장 막강한 것이고, 당신에게는 지극히 뻔한 것으로 여겨지는 것이라 해도 제대로 실행만 하면 다른 사람들에게 엄청난 영향을 미치는 일이 될 수도 있다. 마찬가지로 킨제이에게 섹스에 대한 교육을 해달라는 요청과 같이 당신의 진로를 완전히 뒤바꿀 수 있는 제안을 함부로 거절하지 말아야 한다.

마지막으로, 꿈꾸고 공상하고 명상하거나 그냥 노닥거리는 시간을 가져야 한다. 일은 놀이가 될 때 놀라운 힘을 가진다. 정신은 수백만 가지의 기억과 생각과 인상으로 이루어진다. 이 모두가 당신만의 독특한 것들이다. 그것을 낭비해서는 안 된다. 앞으로 수많은 날들이 놓여 있다. 지금껏 보고, 하고, 배운 모든 것을 이끌어낼 수 있는 것을 찾자. "조각조각을 모으면 아무것도 잃어버리지 않게" 되는 법이니까.

여가는 성취의 근력이다

안도 모모후쿠는 제2차 세계대전 직후 극심한 식량난을 겪던 일본 사람들이 암시장에서 뜨거운 국수를 사려고 길게 줄을 서서 떨고 있던 장면을 결코 잊지 못했다. 남은 생 내내 그는 기아의 근절을 평화와 연계시켰고, 사람들에게 값싸고 편리하며 따뜻한 음식을 제공하는 것을 자신의 임무로 여겼다.

안도는 소금을 판매하는 회사를 차렸지만 1950년대 내내 회장으로 있던 신용협동조합의 파산을 포함해 갖가지 경제적 어려움과 맞닥뜨려야 했다. 그러나 틈이 나면 그는 뒷마당 오두막에서 국수를 가지고 실험을 하곤 했다. 튀김을 만드는 아내를 보면서 그는 생국수를 뜨거운 기름에 적시면 물기가 빠져나와 국수 가락이 돌처럼 딱딱해진다는 것을 깨달았다. 딱딱해진 국수는 끓는 물에 2 3분 동안 적시기만 해도 다시 통통해졌고 여기에 양념을 더하면 기막힌 먹거리가 되기에 충분했다.

50세가 되기 얼마 전, 부엌에서 수만 번의 실험을 거친 뒤에 안도는 즉석 국수 레시피를 완성시켰다. 1958년에 시작된 이 소박한 혁신품 덕분에 그의 이름은 일본 전역에 널리 알려지게 되었고, 그는 요리할 시간도 없을 만큼 바쁜 전 세계 사람들의 수호성인이 되었다. 몇 년 후에 그는 다시 컵라면을 발명했고, 96세가 될 때까지 사무실에 나가 계속해서 혁신을 이어나갔다.

안도의 이야기는 여가시간을 활용해 얻어진 놀라운 성과의 실례이다. 그의 삶의 메시지는 이렇게 요약될 수 있다.

어떤 문제나 필요성을 인식하고 나면 많은 사람들도 그것이 문제가 된다는 것을 알게 되는 경우가 허다하다.

만약 해결책이 필요하다면 달려들어 해결할 사람이 당신 말고 또 누가 있겠는가? 아마도 그 문제를 누구보다도 오랫동안 생각한 사람이 바로 당신일 테니까. 시간을 내어서, 아니면 만들어서라도 부딪쳐 보자.

체스터 칼슨의 경우가 그런 사례다. 단 한시도 일을 하지 않으면 안 되는 빈곤한 유년 시절을 보낸 뒤 칼슨은 가까스로 대학에 진학해 화학과 물리학을 공부했다. 대공황기에 졸업했기 때문에 일자리가 거의 없었지만 그는 마침내 벨연구소의 특허사무소에서 자리를 잡을 수 있었다.

칼슨은 언제나 발명가가 되고 싶었고, 값비싸고 지저분한 화학적 과정이나 복잡한 인화 과정 없이 서류를 손쉽게 복사할 수 있는 기계에 대해 꾸준히 생각했다. 그는 자신의 29세를 이렇게 기억한다.

"생계를 유지하느라 근근이 살아가는 삶이었다. …… 그리고 신혼이었다. 그저 어려운 투쟁 같아서 나는 발명품을 만드는 것이 일석이조가 될 수도 있지 않을까 생각하기 시작했다. 세상에 이로운 일을 하면서 동시에 내게도 좋은 일이 될 기회로."

여가 시간에 그는 아파트에서 실험을 하면서 훗날 제로그래피Xerography(건식복사)가 되는 공정을 천천히 개발해 갔다. 그러나 칼슨은 그 과정에서 IBM과 같은 대기업의 관심을 끌지는 못했고, 할로이드Haloid 회사(훗날의 제록스Xerox)가 그의 발명품의 라이선스를 구입해 상업성 있는 상품으로 만들기까지는 또다시 10년이 필요했다.

칼슨이 50대가 된 1959년에야 비교적 간단한 제록스 914가 출시되면서 사무실의 복사 문화는 180도 바뀌게 되었다. 제록스 회사는 급성장을 거듭했다. 제록스와의 계약에 따라 칼슨이 받는 돈은 회사가 복사로 버는 돈의 16분의 1에 불과했지만 복사 수요가 폭발적으로 늘어나면서 칼슨은 갑부가 되었다. 분별력 있고 검소한 칼슨은 60대 후반 죽기 전에 재산의 대부분을 기부하기도 했다.

자신의 시간을 잘 이용한 사람으로 에릭 호퍼를 빼놓을 수 없다.

뉴욕에서 태어난 호퍼는 10대 때 부모님이 모두 돌아가신 후 달랑 300달러의 유산을 상속받고 캘리포니아로 갔다. 20대와 30대 동안 그는 이주노동자와 막노동꾼, 금 채굴자로 일하면서 캘리포니아 드림의 이면에 처참한 현실을 알게 되었다. 그러나 호퍼는 평범한 노동자와는 달랐다. 여가 시간에 그는 공공도서관을 찾아서 몽테뉴부터 히틀러의 《나의 투쟁Mein Kampf》에 이르기까지 닥치는 대로 책을 읽었다. 방랑하던 생활을 끝내고 40대가 된 그는 샌프란시스코 부두에서 화물을 싣고 내리는 항만노동자로 취직해 마침내 '정착'했다.

결혼을 하지 않은 호퍼는 부두 근처에 조그만 아파트를 얻어 여가 시간이면 계속해서 책을 읽고 사색했다. 문학이나 지적인 세상과 철저하게 단절되어 있던 그였지만, 잡지사에서 일하는 한 여성을 만났고 그녀는 그에게 글을 쓰도록 격려했다.

50세가 되기 직전에야 호퍼는 마침내《맹신자들The True Believer》을 출간해 줄 출판사를 찾을 수 있었다. 대중운동과 대중의 마음을 형성하는 힘에 대한 설득력 있는 시각을 보여주는 이 책은, 영적 허기나 자존감 결여가 어떻게 사람들이 겉보기에 더 크고 영광스러운 무언가의 일부가 되기 위해 옛 자아를 버리게 만드는지 보여준다. 이 저서는 사회학의 고전이 되었고 지금까지도 독자들이 꾸준히 찾는다. 현재의 테러리스트나 자살 폭파범을 설명할 때도 마찬가지로 적용될 수 있기 때문이다.

어떻게 한낱 부두 노동자가 세계 지성의 장에 완벽한 철학자의 모습으로 난데없이 나타날 수 있었을까? 지성의 세계에 한 획을 그으려면 반드시 대학을 나와야 한다거나 적절한 사람들과 교류해야 한다는 것이 일반적인 생각일 것이다. 어쩌면 '인생이라는 대학'보다 더 나은 교육은 없다는 케케묵은 표현은 사실일지도 모른다. 만약 호퍼가 학계에서 전통적인 길을 걸었다면 엄청난 독서를 하면서 자신만의 생각을 발전시킬 자유로운 시간을 내지 못했을 수도 있다. 노동자 계급 출신 지성인의 한 전형으로서, 호퍼는 우리가 먹고살기 위해 갖는 직업이 우리를 규정하지 못하며, 여가 시간의 독서와 사색이 모이면 굉장한 일을 할 수 있다는 것을 보여준다. 당신도 비슷한 위치에 있는가? 내게는 기회가 없었다고 한탄한 적 있다면, 언뜻 보기에는 한계가 뻔한 일이나 상황에도 불구하고 위대한 일을 이루어낸 호퍼 같은 사람을 돌아보기를.

우리는 모두 각자의 정상에 오를 수 있다

세상은 출간되지 않은 소설 원고로 가득 차 있다. 창의성에 바탕하고 있는 분야에서, 진정으로 독창적이거나 아직까지 충족되지 않은 독자들의 요구를 충족시키기란 무척이나 어려운 일이다. 그래서인지 대부분의 작가들은 다른 직업을 갖고 있으며, 자신의 커리어를 소설로 삼은 많은 작가들도 상상한 것보다 훨씬 오랜 시간이 걸린다는 것을 깨닫게 된다. 브라이스 코트니의 삶을 한번 들여다보자.

코트니는 1933년 남아프리카공화국의 트란스발 북부에서 태어났다. 재봉사였던 홀어머니는 아들을 보육원에 보냈고 그곳에서 그는 작은 몸집과 '아프리카너'(남아공 태생의 네덜란드계 백인)보다는 영국인에 가까운 출신 배경 때문에 수시로 따돌림을 당하고 얻어맞기 일쑤였다.

11세에 요하네스버그의 최고 사립학교에서 장학금을 받게 되면서 그의 삶은 훨씬 밝아졌다. 탁월한 실력의 그는 작가의 꿈을 안고 런던의 저널리즘 코스에 지원해 입학 허가를 받았다.

런던에서 코트니는 한 오스트레일리아 여인을 만났다. 두 사람은 1957년에 결혼해 시드니에 안착했고, 그곳에서 코트니는 한창 뜨고 있던 TV 관련 분야에서 일자리를 잡았다. 그는 후에 광고업으로 전직했고, 설득력 있는 글솜씨를 인정받아 보조 카피라이터에서 5년 만에 대규모 에이전시의 크리에이티브 디렉터로 승진했다.

광고업에서 경력을 쌓을 생각은 없었던 코트니지만 막내아들이 혈우병을 앓는 데다가 두 아이가 더 있었기 때문에 살림은 언제나 팍팍했다. 그래서 코트니는 선택의 여지 없이 전혀 오르고 싶지 않던 사다리를 오르며 30대, 40대와 50대 초까지 보낼 수밖에 없었다. 전통적인 의미로는 성공적인 삶이라고 할 수 있을지 모르겠지만.

막내아들이 겨우 24살에 세상을 떠났을 때, 코트니는 55세였다. 다른 자녀들은 이미 장성했기 때문에 그는 자신이 진정한 소명이라고 느끼는 글쓰기를 드디어 시작할 때가 왔다고 생각했다. 그는 출간되리라고는 기대하지 않은 장편소설을 1년 동안 연습 삼아 써 내려갔다. 한마디로 습작이었다. 마무리를 지었을 때 그 묵직한 원고는 부엌문을 고정시키는 데 쓰였을 뿐이었다.

그러나 1989년, 척박한 환경에도 불구하고 자신의 삶을 일구어낸 남아프리카공화국 소년을 주인공으로 한 코트니의 장편 서사

189

가 출간되었다. 결코 잊을 수 없는 등장인물들과 단 한 사람만으로
도 세상은 변할 수 있다는 고무적인 메시지가 더해져《파워 오브
원The Power of One》은 오스트레일리아에서 베스트셀러가 되었고 그
성공은 전 세계로 퍼져나갔다. 1992년에 이 책은 할리우드 영화로
도 만들어졌고 700만 부가 넘게 팔렸다.

또 다른 대중적인 작가로 앞서 언급한 댄 브라운은《다 빈치
코드》를 쓰기 몇 해 전 모교의 학생들에게 이렇게 충고했다.

> "꿈을 따르고, 하고 싶은 일을 하세요. 창조적인 사람이 되세
> 요. 스스로가 자랑스러워질 만한 걸 하세요. 행복의 열쇠는 날
> 마다 하고 싶은 일을 하는 겁니다."

얼마나 맞는 말인가. 그러나 얼마나, 얼마나 비현실적인가. 처
음 네 권의 소설을 쓸 때 브라운은 아이들에 대해 걱정할 필요가 없
었다. 그러나 코트니는 달랐다. 25년이 넘는 세월 동안 그는 작가가
되고픈 야망을 품었지만 돌파구를 찾을 수가 없었다. 한 인터뷰어
가 그간 걸어온 기나긴 길에 대해 묻자 그는 이렇게 대답했다.

> "언제나 제 삶은 그랬습니다. 딱 그랬지요. …… 삶에서 흔히
> 그러듯이 손에서 그냥 빠져나가는 듯한. 일은 일어나는데 저
> 는 속수무책이었습니다. 아침마다 눈을 뜨면서 이렇게 또 하
> 루를 보내야 겠구나 했어요."

코트니는 아내와 아이들을 떠나 바닷가 오두막에서 글을 쓸 생각을 해본 적은 없었다. 그는 가족을 사랑했고 항상 가족이 최우선이었다. 특히 데이먼의 상태는 늘 주의 깊게 지켜보아야 했다. 그러나 그렇게 오랜 세월이 흘렀으니 그도 내심 자신이 지나치게 희생을 한 것은 아닌가 싶은 생각을 했을지도 모른다.

때가 되자 그는 잃어버린 창의력의 오랜 세월을 만회했다. 《파워 오브 원》 이후 15년 동안 코트니는 14편의 소설을 썼고 여전히 작품 활동 중이다. 지금까지도 그는 컴퓨터 앞에서 보낼 수 있는 기나긴 시간이 환상적인 사치처럼 여겨진다고 한다.

아직은 표출할 수 없을지라도 스스로 무언가가 될 수 있다고 믿는 것은 쉽지 않은 일이다. 당신이 다른 커리어에서 성공을 했는지의 여부는 상관없다. 그러나 더디 익는 성공에서 배울 수 있는 것은 당신이 30세, 40세, 혹은 50세에 '나의 일'을 할 수 있는지 그렇지 않은지보다는 기회가 왔을 때 놓치지 않고 잡는 것이 더욱 중요하다는 점이다. 40세 때 썼더라면 코트니의 《파워 오브 원》은 지금과는 달랐을 테고 아마도 그토록 훌륭하지는 못했을 것이다. 그 정도로 훌륭한 작품이 되려면 아마도 15년을 더 기다려야 했을지도 모를 일이다. 그러나 축적된 저자의 놀라운 에너지 덕분에 완벽한 원고가 나오기까지 불과 1년밖에 걸리지 않았다.

뭔가 가치 있는 것이 탄생할 때는 자연 나름의 인정하는 방식이 존재한다. 그러나 그것은 우리가 아닌, 자연 자체의 시간의 척도에 따른다. 코트니 같은 사례에서 "그는 55세가 되어서야 위대한 책을 썼다"라는 표현은 잘못된 것이며, "그 책은 그가 55세가 될 때까지 기다려야 했다"는 표현이 더 정확할 것이다.

이 말은 20년의 노력 끝에 2005년, 여성 작가에게 수여하는 권위 있는 오렌지 문학상을 수상한 라이어널 슈라이버에게도 마찬가지로 적용될 수 있다. 상금 자체도 엄청나지만(약 5천만 원) 수상이 곧바로 판매와 이어지기 때문에 추가 수입을 기대할 수 있다.

2003년 아무도 주목하는 이 없이 세상에 나온 슈라이버의 책 《케빈에 대하여We Need to Talk About Kevin》는 콜럼바인식 학교 살인마가 되고 마는 이해할 수 없는 아들을 향한 스스로의 냉담한 감정에 절망하는 한 여인을 그린 처참하도록 솔직한 소설이다. 입소문으로 판매고가 높아지지 시작했고, 뉴욕 문학계의 영향력 있는 인사들도 이 책을 지지하고 나섰다. 그러나 논란이 많은 주제 탓인지 이 작품은 부정적인 평가도 함께 낳았다.

《케빈에 대하여》는 슈라이버가 출간한 일곱 번째 소설이다. 30개 출판사에서 거절당했고, 심지어 그녀의 에이전트조차 마뜩잖아했다. 6편의 소설을 썼고 그중 일부는 좋은 평가를 받았지만 어느 것 하나 잘 팔린 책은 없었기 때문에 그녀는 계속해서 〈이코노미스트The Economist〉에 글을 기고하며 생계를 이어갔다. 런던 문학계 인사도 아니었기 때문에 출판기념회나 파티에 초대받기라도 하면 "…… 아무도 내게 말을 걸지 않았고 결국 나는 케이터링 직원들과 노닥거리다가 슬그머니 집으로 오곤 했다"고 한다. 47세 때 그녀의 미래는 그다지 밝아 보이지 않았다.

슈라이버는 오렌지 문학상을 수상하면 자신의 커리어가 완벽하게 달라지리라는 것을 잘 알고 있었기에 오랫동안 그 상을 열망했다. 하지만 아무 인정도 받지 못한 채 20년이 지나자 포기하고 싶은 심정이 부쩍 들기도 했다.

"나는 '하룻밤 사이의 성공' 사례가 아니다. 결코 이 자리에 서리라고 생각해 본 적이 없다. 난 너무도 지쳤고 진이 다 빠져 있었다. 아무것도 내게 보답을 해주지 않았다. 뭔가 잘되는 것처럼 보일 때는 희망을 품게 되는데 그것조차도 버거웠다."

그러나 상을 수상하면서 이제 망각에 빠질 염려는 없어졌다. 그녀가 앞으로 쓸 책들은 비평가들의 책상에 쌓인 책 더미의 가장 위에 있을 것이며, 그 작품을 기다렸다가 감상하는 독자들도 생겨나게 될 테니까.

슈라이버는 책에 둘러싸여 자라났다. 그녀의 어머니는 신학에 조예가 깊은 시인이자 정치 운동가였고, 아버지는 장로회 목사였다. 이러한 환경이 훗날 그녀의 작품에서 표현되는 예민한 도덕적 문제들을 파고들게 하는 계기가 되었다. 이런 배경이 있으니 작가가 되기에 유리한 출발점에 섰던 것은 아닌가 반문할 수도 있겠지만, 부모 모두 그런 방면으로 딸에게 기대를 품거나 격려해 준 적은 없었다. 그녀는 빌 게이츠나 타이거 우즈처럼 자신이 선택한 분아에서 기형적일 정도로 남들보다 앞서가는 사람을 일컫는 말콤 글래드웰식의 표현인 '아웃라이어'와는 거리가 멀었다. 아웃라이어라는 개념은 젊은 나이의 높은 성취를 조망한다는 측면에서는 흥미롭지만 그런 부류와는 다른 나머지의 평범한 사람들을 고려할 여지를 남겨두지 않는다. 그러나 삶에서 성공하는 대부분의 사람들은 아웃라이어가 아닐 뿐만 아니라 슈라이버처럼 심지어는 '아웃사이더'일 때도 적지 않다. 노스캐롤라이나에서 고등학교를 졸업하고 30년후 오렌지 문학상을 수상하기까지의 기간 동안 슈라이버는 뉴욕의 대학에 진학하고, 요식업계에서 일하고, 특수반 영어를 가르치고, 나이로비와 벨파스트, 이스라엘, 태국, 런던에서 살았다. 그녀의 첫 작품은 30세가 되어서야 출간되었다. 한마디로, 마침내 인정을 받았을 때 그녀는 이미 인생을 절반이나 산 뒤였다. 그녀에 대해서는 '아웃라이어'나 '인사이더'라 할 만한 부분은 아무것도 없다. 그녀는 무작정 터벅터벅 걸었고 그러다 보니 어딘가 도달한 것이었다. 사회는 가망성이 뚜렷해 보이거나 두드러지는 사람들을 끌어올리려 할지 몰라도, 결과적으로 주목을 받게 되는 것은 자질과 상상력이다.

상을 받기 전의 삶에 대해 슈라이버는 이렇게 말했다. "48세의 나이에 아직도 그저 지망생에 머물러 있다는 것은 무척 굴욕적이었지요."

물론 그럴 수 있겠지만 자신의 일이 가치 있다고 믿는다면 그 길을 고수해야 한다. 나이 지긋한 작가는 훨씬 젊은 작가를 특집으로 다룬 잡지를 보면서 "나는 지금까지 도대체 뭘 한 걸까……" 하는 생각에 고통을 받을 수도 있다. 아무 인정도 받지 못하고 일하는 기간이 길어질수록 그러한 생각은 더욱 짙게 드리워진다.

내로라하는 자기계발 전문가들은 "인내는 반드시 보답을 받는다" 같은 표현을 즐겨 쓴다. 그러나 예술계에서는 한 사람의 작품이 인정을 받게 될지, 받는다면 어떻게 받게 될지 확실한 것은 아무것도 존재하지 않는다. 확실한 것은 단 하나, '돌파구를 지나온' 사람들에게 지름길 따위는 없었다는 사실이다.

슈라이버에게서 가장 흥미로운 점은 돌파구를 찾기 직전 두 가지로 나뉜 마음의 상태이다. 그녀는 한편으로는 권위 있는 문학상을 받을 수 있으리라고 믿으면서 꾸준히 글을 쓰고 인정을 받기 위해 필사적으로 노력했다. 또 한편으로는 아무도 인정해 주지 않는 것에 지쳐서 포기하기 직전이었다. 윈스턴 처칠의 유명한 표현 "…… 절대 포기하지 말라, 절대 포기하지 말라, 절대, 절대, 절대, 절대!"는 저녁식사 후의 연설에 별 감흥 없이 오르내리거나 하프타임 라커룸에서 절망한 선수들에게 코치들이 흔히 소리치는 표현이지만, 현실은 하루하루 삶의 평범한 시련과 고난에 지친 우리가 그런 태도를 꾸준히 견지하기란 결코 쉽지 않다는 것이다. 사실 우리는 동시에 상반된 다른 감정을 느낄 수 있다. 어떤 특정한 결과를 기대하며 붙잡은 불꽃이 아무리 보잘것없다 해도 우리는 그 불을 꺼뜨리지 않으려고 애를 쓰곤 한다. 그리고 그래야 마땅하다.

반세기의 마법은 기대가
모두 무너진 후에야 나타난다

줄리아 마거릿 캐머런은 겸손한 빅토리아 시대의 아내이자 어머니라는 그 시대의 관습에 순응할 수도 있었다. 브라이스 코트니는 성공적인 임원이라는 영광에 안주할 수도 있었다. 애니 프루와 라이어널 슈라이버는 문학계에서 워낙 미미한 존재였기 때문에 글쓰는 것을 포기할 수도 있었다. 안도 모모후쿠와 체스터 칼슨은 머릿속에 떠오른 아이디어를 정신 나간 꿈이나 생산성 없는 취미로 치부할 수도 있었다. 하지만 그들은 그러는 대신 "내게는 진정으로 해야 할 일이 있다"며 마음을 굳게 다졌다.

많은 사람들이 성취 측면에서 반세기의 마법을 경험하지만, 그 마법은 정당한 기대가 여지없이 무너진 후에야 나타날 때가 적지 않다. 당시에는 상황 탓에 원하는 것을 가로막는 것처럼 보일 수 있다. 하지만 그 상황이 실제로는 우리를 강인하게 단련시켰거나 오히려 진정한 성공을 위한 적절한 조건과 타이밍을 제공했던 것이라는 사실은 시간이 흐른 뒤에야 비로소 알게 된다. 자신의 발전속도가 불안하거나 미심쩍다면 앞의 이야기들을 되새겨보자.

50대에
자신의 진가를 증명한 사람들

이전까지 492대의 피아노를 수제 제작했던 헨리 스타인웨이는 56
세에 회사를 설립하여 유명한 피아노 브랜드를 일구어냈다.

게슈탈트 심리요법의 선구자 프리츠 펄스는 32세 때에도 여
전히 어머니와 함께 살고 있었다. 50대가 되어서야 서서히 이름을
알리기 시작했고, 미국 대안문화에 엄청난 영향력을 행사하게 된
것은 60대가 되어서였다.

레오 스턴바크는 10년이 넘게 세계에서 많이 팔린 의약품 중
하나였던 안전한 신경안정제인 바리움을 51세에 만들었다. 그는
다른 중요한 의약품도 다수 만들었고, 95세까지 현역으로 일했다.
고수확 곡물 품종 개발로 수억 명의 목숨을 구한 농학자인 노먼 볼
로그는 56세 때 노벨상을 받았다.

'영국 문학의 아버지'로 불리는 초서는 54~61세 사이에 미완
의 걸작《캔터베리 이야기The Canterbury Tales》를 썼다. 어린이책 작

가 메리 앨리스 폰테닛은 저널리스트와 편집자로 30년을 일한 뒤 51세에 첫 번째 책을 냈고, 80대와 90대에 들어서까지 작품 활동을 이어나갔다.

'로스앤젤레스 하층사회의 대표 작가'로 불리는 찰스 부코스키는 수십 년 동안 하숙집에 살며 여러 직업을 전전하면서 시간이 날 때마다 술을 마시거나 시를 끼적였다. 49세 때 그는 우체국 직원이었는데, 한 출판사에서 그의 첫 소설을 지원하겠다고 나섰다. 3주 뒤 그는 작품《우체국Post Office》이 될 원고를 출판사에 가져갔고 이 책으로 명성을 얻었다.

리처드 애덤스는 여가 시간에 글을 쓰면서 영국의 지역 공무원으로 여러 해를 일했다. 그의 나이 52세 때《워터십 다운의 열한 마리 토끼Watership down》가 출간되었다. 미국 시인 월리스 스티븐스는 40대 중반에 첫 시집을 출간했지만, 생활비를 벌기 위해 50대에 들어서까지 보험 영업을 해야 했다.

레오나르도 다 빈치는 50대에 〈모나리자〉를 그리기 시작했고 60대에 들어서도 여전히 그림을 그렸다. 찰스 다윈은 새로운 종의 발견에 관한 앨프리드 월리스의 논문에 자극받아 행동에 착수했다. 그는 자신의 아이디어를 빠르게 글로 옮겼고, 50세에《종의 기원》을 펴냈다. 애덤 스미스는 10년 동안 집필에 몰두해 53세 때 그 유명한《국부론The Wealth of Nations》을 펴냈다.

집중 교육으로 잘 알려져 있으며 이미 30대에 중요한 철학 저작을 출간한 존 스튜어트 밀도 정작 저명한《자유론On Liverty》을 펴낸 것은 53세 때의 일이었고 그것도 아내의 크나큰 도움을 받아야 했다.

임마누엘 칸트는 46세에 철학 교수가 되었고 그 이후에도 거의 아무것도 출간하지 않는 '침묵의 10년'을 보냈다. 초창기에 쓴 내용이 훗날 돌아보면 대부분이 옳지 않다는 사실을 알았기에 그는 자신이 진실이라고 생각하는 것에 도달하기까지 기본 입장을 재점검하는 오랜 시기를 거칠 수밖에 없었다. 그리고 57세 때 《순수 이성 비판Kritik der reinen Vernunft》을 써냈다.

현대 철학자 메리 미즐리는 첫 저서 《야수와 인간Beast and Man》을 59세에 출간했다.

"나는 50세를 훌쩍 넘길 때까지 한 권의 책도 쓰지 못했지만 무척 기쁘다. 내 생각을 그때까지는 제대로 알지 못했으니까."

세 아들을 키우고 난 뒤에야 그녀는 비로소 저작과 연설에 전념할 시간을 가질 수 있었다.

53세 때 메리 화이트하우스는 미디어의 도덕적 기준에 대해 신념을 갖고 있던 무명의 고등학교 교사였다. 잠자리에 들기 전에 어린이들이 봐도 되는 텔레비전 프로그램의 기준에 대해 그녀가 갖고 있던 믿음은 하나의 운동이 되었다. 조롱과 온갖 협박 편지가 쏟아졌고 사실 그녀는 그 운동을 이끌 마음의 준비도 되지 않은 상태였다. 그러나 화이트하우스는 계속해서 밀어붙였고 영국의 방송 정책을 세우는 데 큰 영향을 미치게 되었다. 이 모두는 일반적으로 은퇴를 준비할 나이에 벌어진 일이었다.

CHAPTER

NEVER TOO LATE TO BE GREAT

30년이면 뭐든지
캐낼 수 있다

지금의 평균 수명은 80대 초반이다. 이것은 60대가 되어도 족히 30년쯤 되는 생산 연령이 남아 있을지 모른다는 뜻이다.

1992년, 이집트 알렉산드리아 근방의 티탄철석과 지르콘 퇴적층을 조사하던 한 오스트레일리아인 광산업자는 어느 날 이집트 지질학 연구소 사무실을 방문했다가 벽에 걸린 것을 보고 무척 흥미를 느꼈다. 홍해 구릉지를 따라 파라오들의 광산이 어디 있는지 그 위치를 표시한 오래된 파피루스였다. 알고 보니 세계에서 가장 오래된 지질학 지도였다.

광산업자 사미 엘라기는 모든 것을 내던지고 홍해를 따라 카이로 남서부의 사막으로 향했다. 몇십 년 전, 영국이 채굴하려고 시도한 적이 있기는 했지만 사실 이곳은 2천 년이 넘는 세월 동안 아무도 손대지 않은 곳이라 해도 과언이 아니었다. 이집트 정부에서는 외국 채굴 투자 자체를 막았고, 이집트의 관장 부서에서는 파라오 시대에 이미 묻힌 광물이 모두 소진되었다고 믿어 의심치 않았던 것이다. 그러나 엘라기가 동원한 현대적인 장비 덕분에 파라오들이 캔 광물은 빙산의 일각에 불과하다는 사실이 밝혀졌다. 동쪽 사막 지역에는 여전히 엄청난 양의 금맥이 남아 있었다. 이집트 정부를 한참 동안 설득한 끝에 그의 회사는 옛 광산 지역의 30년 임차권을 따냈고, 2009년 수카리 프로젝트 지역에서 드디어 금이 쏟아지기 시작했다.

이번에는 다른 사막으로 넘어가 보자.

오스트레일리아 아웃백의 앨리스 스프링스는 가장 가까운 주도(主都) 애들레이드에서도 800마일 넘게 떨어진, 세상에서 가장 고립된 도시 중 하나다. 그곳에서 북동쪽으로 140마일 나가면 바윗덩어리와 야생초들이 그득한 붉은 땅 알할커가 나온다. 에밀리 카메 쿵와레예는 안마티예레 부족의 땅인 이 알할커에서 1910년경에 태어났다.

태어나서 처음 10년 동안 에밀리는 백인이나 말을 본 적이 없었지만 그 뒤 몇 년이 지나자 대농장에서 일하고 촌락과 촌락 사이를 오가며 물품을 운반하는 낙타 떼를 이끌고 다니게 되었다. 60대 중반 그녀의 부족에게 땅의 권리가 부여되자 그녀는 소박하고 평화로운 농장을 떠나 유토피아라 불리는 정착지로 들어갔다. 목장주들이 그녀의 조상들이 살던 땅에 붙인 이름이었다.

평생 여성의 몸에 색을 칠하고 모래에 그림을 그리며 살았지만 정부의 지원을 받은 염색 프로젝트에 참가하면서 에밀리는 새로운 매체에 눈을 뜨게 되었다. 그녀는 여성 미술단체를 조직했고 얼마 지나지 않아 이 단체에서는 캔버스와 아크릴 물감으로 그림을 그리기 시작했다. 그녀의 첫 작품《에뮤 여인Emu Woman》은 큰 주목을 받았으며, 그때부터 남은 평생 내내 그녀의 작품은 날개 돋친 듯이 팔려 나갔다. 전 세계의 미술관에서 에밀리의 그림을 앞다투어 구입했으며, 작품《지구의 창조Earth's Creation》는 아보리진 화가의 작품으로는 최초로 100만 달러를 넘어섰다. 1996년에 세상을 떠날 때까지 그녀는 자신이 버는 모든 것을 공동체와 나누며 소박하게 살았다. 80세가 가까운 나이에 처음 그림을 그리기 시작해 얼마 되지 않은 짧은 활동 동안 그녀는 3천 점이 넘는 그림을 남겼다.

쿵와레예는 아마도 뒤늦게 꽃핀 삶의 극단적인 예라고 할 수 있겠지만 이른바 '황혼의 시간'도 실제로는 힘과 창조성이 깨어나는 새벽이 될 수 있음을 보여준다. 누구도 우리에게 별 기대를 하지 않을 때라서 오히려 자유로이 진정한 자신이 될 수 있는 것이다.

어쩌면 당신은 인생의 레이스를 이미 끝냈다고 생각하며 예전의 영화에 머물러 있을지도 모른다. 자신의 창조성과 에너지의 광맥이 이미 소진되었다고 느낄 수도 있다. 그렇다면 정부에서 이미 다 파냈다고 '알고' 있었던 홍해의 금광을 기억해 보라. 어쩌면 당신도 30년 동안 채굴할 수 있는 금광, 새로운 커리어를 시작하고, 오래도록 품어왔던 여행을 하고, 평생 꿈꾸던 취미나 흥미를 따르거나 여태 해온 일의 새로운 차원을 탐험할 잠재력을 품고 있을지도 모른다.

앞서 썼듯이 부유한 국가들의 평균 기대수명은 80대 초반이지만 어디까지나 평균일 뿐이다. 60대가 되어도 족히 30년은 되는 생산 연령이 남아 있을 수 있다. 아직 당신은 자신의 삶에서 새로운 '임차'를 낼 수 있다. 스스로의 경험이라는 풍부한 광산에서 원료를 캐내어 경이롭고도 독특한 것을 창조할 수 있도록.

저는 58세 신인 화가입니다

우리는 비판하기를 좋아하지만 대상이 아주 젊거나 나이가 많으면 꺼리는 경향이 있다. 젊은이는 아직 배우는 중이니 격려를 해주어야 하지 않을까? 나이 많은 사람들은…… 음, 사실 그게 뭐 얼마나 중요하겠는가. 연세 든 분들은 얼마 남지 않은 남은 생 동안 스스로에게 최선을 다하는 편이 나을 테니……. 이것이야말로 50대와 60대 때의 로잘리 개스코인에게 가족과 친구들이 보인 태도였다.

로잘리는 모든 면에서 그녀보다 우월한 것처럼 보이는 언니의 그늘에서 자라났다. 알코올 중독자였던 아버지는 집을 떠나 그녀가 10대가 되었을 때에야 돌아왔다. 자신감이 없는 것은 물론이고 그녀는 자기가 다른 아이들과 다르다고 느꼈다. 그림이나 미술에 뛰어나지는 않았지만 뭔가 만들기를 좋아했고 고향 뉴질랜드 자연의 아름다움에 진정한 애착을 갖고 있었다.

그녀는 어머니 덕분에 대학에 갔고, 그곳에서 미래의 남편 벤을 만났다. 그는 열성적인 천문학자였고, 공부를 마칠 즈음 오스트레일리아의 수도인 캔버라 외곽에 있는 마운트 스트롬로 천문대에서 일자리를 얻었다. 그 뒤 두 사람은 결혼해서 함께 새로운 삶을 시작했다. 당시의 캔버라는 시드니나 멜버른과는 달리 작은 도시였다. 남편은 대부분의 시간을 일터에서 보냈고, 로잘리는 돌봐야 할 아이 둘과 함께 무척이나 외로운 나날을 보내야 했다. 그녀는 오랜 시간 산책을 하면서 자신이 자란 곳과는 달리 훨씬 덜 푸르른 이곳의 풍광에 익숙해졌고 야생화를 말리고 보존하는 법을 배우게 되었다.

아이들을 다 키우자 로잘리는 압화 공예에 본격적으로 발을 들였다. 생각보다 훨씬 풍부한 상상력을 발휘하며 그녀의 압화 공예는 캔버라의 공적, 사적 행사에서 높은 인기를 누렸다. 로잘리는 시드니의 한 전문가가 주관하는 일본의 꽃꽂이 과정, 이케바나에 등록했다. 그녀는 이케바나에 타고난 재능을 보였고, 일본에서 찾아온 전문가에게서 예술적 기교가 뛰어나다는 칭찬도 들었다. 그녀에게는 해방감을 한껏 느끼게 해준 경험이었다. 그녀는 이렇게 회상한다.

"내가 무언가를 잘할 수 있다는 것을 처음으로 발견한 때였다."

어느덧 그녀는 마흔을 훌쩍 넘긴 상태였다. 현대미술의 열성적인 수집가였던 그녀의 아들이 어머니를 한창 떠오르는 큐레이터 제임스 몰리슨(훗날 오스트레일리아 국립미술관의 디렉터가 되는)에게 소개해 주었다. 그는 그녀에게 관심을 보였다. 그녀는 화가이자 미술교사인 마이클 테일러와도 친구가 되었다. 두 사람의 격려를 받아 그녀는 이케바나 이상으로 활동 영역을 넓혀, 도로변이나 농장에서 수집한 물건들로 콜라주를 만들기 시작했다.

그녀는 미술에서 '커리어'를 구축하겠다고 적극적으로 나선 적은 없었지만 자신이 하는 일이 자신의 즐거운 소일거리 이상이라는 것은 잘 알고 있었다. 50대가 되자 그녀는 이케바나를 뒤로하고 오스트레일리아의 풍광을 지극히 잘 대변하는 나무와 금속과 뼈를 소재로 아상블라주 작업에 전념했다. 그녀는 스스로를 일종의 예술가로 여기게 되었고 지역의 미술 전시회에 작품을 출품하기 시작했다. 1975년, 테일러는 갤러리 A에서 열린 '젊은' 신진 작가들의 시드니 전시회에 그녀를 포함시켰다. 여타의 작품들과는 다르다고 비평가들이 그녀의 작품에 주목하면서, 그녀는 곧 전시회의 떠오르는 별이 되었다. 갤러리 소유주는 그녀에게 단독 전시회를 제안했고, 이 최초의 단독 전시회는 대성공이었다. 이 '젊은' 떠오르는 화가의 나이는 58세였다.

그 후 그녀의 작품에 대한 수요는 어마어마해졌다. 세계 최고의 현대미술전인 베니스 비엔날레에서 오스트레일리아를 대표했고 다양한 상을 받았으며, 주요 갤러리들과 단체에서 작품을 구입해 갔다. 1994년에는 오스트레일리아 훈장을 받기도 했다.

207

인명사전 제작을 위한 인터뷰에서 로잘리는 성공의 길에 대한 질문을 받았다. 그녀는 자신이 자라난 세상에서 여성에게 '예술적'이라는 표현은 집에 장식할 수채화를 예쁘게 그리거나 크리스마스트리를 곱게 꾸밀 줄 안다는 뜻이었다고 말했다. 그 이상으로 진지하게 들어가면 남편이 겉돌게 된다고 여겨지던 시절이었다. 그래서 그녀가 예술에 전적으로 헌신하겠다고 결심했을 때 남편은 그녀의 표현대로 그 '집착'의 수준에 충격을 받았다. 자신도 자신의 일에 몹시 몰두해 있다는 것을 잊은 채로.

예술가가 되기까지 왜 그렇게 오랜 시간이 걸렸냐는 질문에 그녀는 다른 식이었다면 불가능했으리라고 대답했다. 그녀는 언제나 자녀를 두게 되리라고 생각했고 남편을 내조하지 않는다는 것은 상상할 수조차 없는 일이었다. 사실 그녀는 자신이 '온실 속의 화초'라는 사실을 잘 알고 있었다. 자신의 작품에서 전반적인 시간의 역할에 대해 그녀는 스트롬로 산에서 보낸 몇 해를 회상하며 이렇게 말한다.

"어떤 노력조차 할 수 없는 채로 17년 동안 외딴곳에 살게 되면 엄청난 영향을 받을 수밖에 없습니다. 내가 하는 모든 것이 나에게 영향을 미치게 마련이라고 하는데 정말 그래요. 그 생활은 오히려 나를 정리해 주었어요."

뉴질랜드인인 그녀는 캔버라 주변의 자연을 새로운 시선으로 바라보았고, 구석구석 다니며 그곳을 친구처럼 속속들이 알게 되었다. 따로 직업이 있어서 주중 내내 일하다가 일요일 하루 정도를 '자연'에 할당할 수 있는 경우라면 전적으로 불가능한 일이었다.

전업주부로서의 역할은 그녀에게 구속이나 다름없었다. 그러나 전업주부였기에 기술과 시야를 발전시킬 시간을 낼 수 있기도 했다. 어쩌면 '상황에 갇혀' 있었을지도 모르지만 그녀를 만든 것은 바로 그 상황이었다. 그녀는 "50여 년 동안 전업주부로 산 것을 후회하십니까?"라는 질문을 받았을 때 이렇게 대답했다.

"음, 후회한다는 얘기를 한 게 한두 번이 아니에요. 족히 30년은 그림을 더 그릴 수 있지 않았을까 하고요. 어떤 사람들은 위로해 준답시고, 제 미술은 제가 시작했을 때쯤에야 비로소 예술로 인정을 받게 된 거라고 하기도 합니다. 제가 하는 미술은 그때는 예술로서 타당성을 인정받지 못했을 거라고요. 그런데 내가 알게 된 사실이 있어요. 바로 나, 내가 체계화하는 모든 삶이, 알고 있든 그렇지 않든 나 자신을 만들어 간다는 겁니다. 우리는 예전의 자아 위에서 '나'를 만들게 되어 있어요. 내게 일어난 모든 일, 내가 만난 모든 사람, 모든 상황이 지금의 모습을 만드는 거죠. 그런 의미에서 전 생각할 기회가 참 많았던 것 같아요. 20세에 시작한 사람들보다 전 제가 뭘 좋아하는지 훨씬 잘 알고 있었어요."

훨씬 젊은 나이에 미술을 시작했더라면 그녀는 지금과 같은 힘과 방향성을 찾기가 쉽지 않았을 수 있다. 스스로에 대해 속속들이 알게 되었을 때에야 그녀는 영원한 진리를 표현할 수 있었다. 미술학교를 다닌 적이 없을뿐더러 고립된 상태에서 시야를 발전시켰기 때문에 그녀의 작품은 그 누구의 것과도 달랐다. 그리고 그녀도 인정하듯, 세상은 새로운 것을 선호하게 마련이다.

마침내 성공이 찾아왔을 때 그녀는 몹시 놀랐다. 훈련을 통해 얻어지는 통상적인 미술적 기술을 갖추지 못하고 있었던 터라 자신이 '일류'가 되리라고는 생각도 못했기 때문이었다. 화가로서 성공의 '산을 오르는 것'에 자신감이 필수적인 요소인지 묻자 그녀는 그렇지 않다고 자신은 한 번도 자신감을 가진 적이 없다고 대답했다. 그녀가 가진 것은 욕구였다. 그녀는 "최악의 것 중 하나"는 채워지지 않은 잠재력이라고 말한다. 우리에게는 잠들어 있는 씨앗이 있다. 그런데 어느 날 들판에서 우리를 비추는 햇살에, 마치 잔 다르크에게 일어난 일처럼 무엇을 해야 하는지가 느닷없이 눈앞에 나타나는 것이다.

"스스로를 버려야 한다고 생각합니다. 이것도 할 수 없고, 저것도 못하겠다는 생각도요. 얼마든지 할 수 있으니까요."

그녀의 성공은 상당한 아이러니를 불러일으킨다. '새로움'이 서로, 혹은 자신들의 영웅을 모방하느라 바쁜 젊은이들의 전유물일 필요는 없다는 것이다. 오히려 나이 많은 사람들이 자신이 누구인지, 무엇을 할 수 있는지에 대해 명확하며 일이 발전하는 데 평생이 걸릴 수도 있다는 것을 안다.

왜 자신이 어떤 부류인지를 좀 더 일찍 발견하지 못했는지, 걸림돌이 무엇이라고 생각하는지 묻자 그녀는 이렇게 대답했다.

"제 생각엔 사람들이 스스로에 대해서 잘 모르는 것 같아요. 저는 제 모습을 정리하고 진정한 자신을 깨닫기까지 50년이 걸렸습니다."

그녀는 자신의 참모습을 아는 데 삶의 대부분이 걸리더라도 "그런 모습으로 태어난 데는 어떤 쓸모가 있기 마련"이라고 한다.

실상 고령화 사회가 우리 시대의 좋은 점 중 하나임에도 언론에서는 재앙이라도 되는 것처럼 다룬다. 그러나 추가로 누리는 수십 년 덕분에 우리는 성공할 기회도 몇 번 더 가지게 되었다.

조니 캐시는 엘비스 프레슬리, 로이 오비슨과 제리 리 루이스 등과 어깨를 나란히 한 가수였다. 그의 커리어는 1960년대 들어 시들었지만 60년대가 저물 무렵 폴섬 교도소 앨범으로 되살아났다. 그는 1970년대와 1980년대에는 시대에 한참 뒤떨어진 것처럼 보였다. 그러다가 1993년, 61세 때 아메리칸 레코딩스에서 취입한 앨범이 출시되면서 캐시의 커리어는 특별한 두 번째 전환기를 맞았다. 그 뒤 세 장의 앨범도 비평가들의 호평을 받았다. 음악 저널리스트 마크 에드워즈는 대중음악이 젊은이들의 놀이라고 여겨지지만 "캐시는 이런 관념을 완벽하게 전복시켰다"고 말했다.

> "우리는 요즘 가수들은 20대에 정상에 오르고 30대에도 어느 정도의 창조성을 유지할 수 있지만 그 이후로는 예술성이 현저하게 떨어진다고 생각한다. 60대의 음악가는 믹 재거처럼 히트곡을 만들 수 있을지 몰라도 정작 중요한 독창성은 만들 수 없다는 것이다. 캐시는 그런 고정관념을 깼다. 그가 60대에 만든 작품은 경력이 처음 시작될 때처럼 강력하다. 캐시가 할 수 있다면 다른 사람이 못할 까닭이 있을까?"

그렇다. 우리라고 왜 못하겠는가.

당신의 잠재력을
외면하지 마라

30대에 세계 패션 무대에 뛰어든 코코 샤넬은 고작 50대 초반에 은퇴했다가 60대에 다시 복귀했다.

"젊음은 새로운 것이다. 20년 전에는 아무도 그런 얘기를 하지 않았지만."

코코 샤넬이 한 이 말은 현대 사회가 젊음을 미화하면서 나이와 관록은 폄하한다는 의미를 품고 있다.

시인이자 박애주의자인 새뮤얼 울먼은 잘 알려진 시에서 이렇게 표현했다.

젊음은 삶에서 어떤 시기를 말하는 것이 아니라
마음가짐을 말하나니
……
단순히 여러 해를 살았다고 늙는 사람은 아무도 없네.
이상을 저버리면서 늙는 것.
세월은 피부를 주름지게 하지만,
열정을 포기하는 것은 영혼을 주름지게 하지.

개개인이 독특한 존재라는 점을 받아들인다면 저마다 독특한 잠재력이 있다는 사실도 받아들여야 마땅하다. 그 잠재력을 채우는 것은 다른 사람을 사랑하는 것을 제외하면 삶에서 우리가 마땅히 스스로에게 요구해야 하는 한 가지 책무이다. 이 잠재력의 씨앗이 싹터서 성장하고 열매를 맺기까지의 시간은 영원처럼 느껴질 수도 있겠지만, 정작 필요한 것은 관심이라는 물과 어느 정도의 기다림뿐이다.

에밀리 쿵와레예, 로잘리 개스코인의 이야기는 피카소의 말 "나는 발전하지 않는다. 나는 나일 뿐"을 떠올리게 한다. 모두에게 자신의 만개는 한없이 오랜 세월이 걸린 것처럼 느껴질지 몰라도, 영원성이라는 관점에서 보면 결국 한순간에 지나지 않는다.

정말 늦은 나이에
인생을 변화시킨 사람들

벤저민 프랭클린은 독립선언문 초안을 작성할 때 70세였고 78세 때 이중초점 렌즈를 발명했다. 윌리엄 글래드스턴은 50대 후반에 영국 총리가 되었고, 80대까지 공직에서 중요한 역할을 맡았다. 넬슨 만델라는 76세에 남아프리카공화국의 대통령이 되었다.

윌리엄 스타이그는 〈뉴요커〉에 수백 편의 만화를 그린 만화가다. 60대 초반에 그는 첫 어린이책을 펴냈고 80대에는 그림책 《슈렉!Shrek!》의 삽화를 그렸다. J. R. R. 톨킨은 《반지의 제왕Lord of the Rings》 3부작의 첫 작품을 62세에 펴냈다.

《신데렐라Cinderella》 같은 고전적인 동화를 우리에게 안겨준 프랑스 작가 샤를 페로는 69세가 되어서야 이야기책을 펴냈다. 그 이야기들은 그의 이름도 아닌, 어린 아들 페로 다르망크르의 이름으로 나왔다. 70대에 헨리 파크스 경은 오스트레일리아 연방의 아버지가 되었다. 또한 애인과 결혼해 진짜 아버지가 되기도 했다.

215

위대한 독일 박물학자이자 여행가인 알렉산더 훔볼트는 30세가 되어서야 첫 번째 원정을 나섰고, 인기 높은 과학서인《코스모스Kosmoss》는 90세, 세상을 떠나기 한 달 전에야 완성할 수 있었다.

조지프 파월 글리든은 어떻게 하면 농장주들이 가축을 소유지 내에 가두어 놓을 수 있을지 오래도록 생각했다. 1874년 61세 때 그는 최초로 시장성 있는 철조망으로 특허를 받게 되었다.

성바오로대성당을 포함해 50곳 이상의 교회를 건축한 크리스토퍼 렌 경은 86세에 은퇴했다. 프랭크 로이드 라이트는 91세에 뉴욕 구겐하임 미술관의 디자인을 완성했고, I. M. 페이(파리의 루브르 박물관에 있는 작품 〈피라미드〉로 유명하다)는 20대 초반부터 90대에 이르기까지 거의 깨지기 힘든 기나긴 건축적 성과를 기록했다. 91세 때 그는 은퇴 생활에서 벗어나 카타르에 새로운 이슬람 미술관을 디자인했다. 이제 100세를 넘긴 브라질 건축가 오스카 니마이어는 여전히 현직이다.

초창기 기독교회 설립의 아버지인 성 아우구스티누스는 최고의 걸작《하나님의 도성Civitas Dei》을 71세가 되어서야 끝냈다.

볼테르는《캉디드Candide》를 썼을 때 65세였고, 괴테는 82세 때 또 한편의 세계적 걸작《파우스트Faust》를 끝냈다.

메리 베이커 에디는 이제는 고전이 된《과학과 건강Science and Health》을 썼을 때도 그다지 젊지 않았지만 87세 때는 유명한 〈크리스천 사이언스 모니터Christian Science Monitor〉지를 창간했다.

재레드 다이아몬드는 지리가 어떻게 문명을 만드는가를 다룬 베스트셀러《총, 균, 쇠Guns, Germs and Steel》를 60세의 나이에 출간했다. 66세 때 새뮤얼 헌팅턴은 저명한 에세이《문명의 충돌The Clash of Civilizations》을 집필했다.

성형외과 의사인 맥스웰 몰츠는 커리어의 정점으로 자기 수양의 고전《사이코사이버네틱스Psycho-Cybernetics》를 61세 때 집필했고 유명한 강연가가 되었다.

라이너스 폴링은 50세에서 70세 사이보다 70세에서 90세 사이에 더욱 많은 과학 논문을 발표했다.

경영의 대가 피터 드러커는 30~40대에 최상의 일을 했다고 즐겨 말하곤 했지만 2005년 94세의 나이로 세상을 떠날 때까지 언제나 중심에 서 있었다.

이견이 있을 수는 있겠지만 주세페 베르디 최고의 걸작인 오페라 〈팔스타프〉는 베르디가 80세에 지은 작품이다. 평생토록 완벽함을 추구했던 그는 이 작품으로 한 번 더 시도해 보고 싶었다고 했다.

미켈란젤로는 89세에도 여전히 바티칸에서 프레스코화 작업을 했고, 호메로스는 눈먼 노인이 되어서《오디세이아》를 썼다.

루이 암스트롱은 66세가 되어서야 공전의 히트곡《왓 어 원더풀 월드What A Wonderful World》를 발표했다.

CHAPTER

NEVER TOO LATE TO BE GREAT

예측할 수 없어
삶은 흥미롭다

왜 사람들은 아기가 태어나면 기뻐할까? 양육에 따르는 끝없이 잡다한 일거리와 줄어드는 자유시간이 축복의 이유는 아닐 것이다. 부분적으로는 양육과 관련된 엄청난 희생 때문에 부모들은 싱글보다 행복하지 않다는 연구 결과도 있다. 아마도 가족을 꾸린다는 전망 속에는 화목한 식사, 생일, 명절과 같이 우리의 마음을 채우는 결속감이라는 유쾌한 이미지가 들어 있을 것이다.

그러나 희망과 행복감을 불러일으키는 뭔가 더 큰 것이 존재하며, 이는 우리가 '경험에서부터' 끌어낼 수 있는 그 이상의 것이다. 모든 탄생은 새로운 시작, 세상에 사랑을 배가시키고 세상을 더 나은 곳으로 만들 수 있는 가능성이 된다. 현시대의 부모에게 자녀에게 무엇을 바라느냐고 물으면 "아이들의 행복"이라고 입을 모아 대답할 것이다. 하지만 좀 더 파고들면 부모가 원하는 것은 자녀들이 어떤 '영향력'을 갖는 것, 공공의 영역에 뭔가 공헌을 하는 것이라는 사실을 알 수 있다.

성 아우구스티누스는 이렇게 말했다.

"Initium ut esset homo creatus est(사람이 탄생하는 것은 하나의 새로운 시작이 만들어지는 것이다)."

이 말에 영감을 받아 철학자 한나 아렌트는 다음과 같이 썼다.

"시작의 본질은 이전에 무엇이 일어났든 간에 원래는 거기에서 예상할 수 없는 뭔가 새로운 일이 시작되는 것이다. ……이는 매일의 목적에서 확실한 것들, 통계 법칙과 개연성의 압도적인 확률에 대항해 일어난다. 그러므로 언제나 기적이라는 모습으로 나타난다. 사람이 어떤 행동을 할 수 있다는 것은 무한하게 비개연적인 것을 수행할 수 있다는 의미가 된다. 이것은 오로지 개개인이 독특하기 때문에 가능한 일이다. 그리하여 태어남으로써 뭔가 독특한 것이 세상에 등장하게 되는 것이다."

탄생은 그 자체로 기적이지만 진정한 영광은 말과 행동을 통해 우리의 정체성을 확인하는 방식에 있다. 동물들은 오로지 프로그램된 생존본능과 충동에 따라서 움직이지만 인간은 '행동'을 할 수 있다. 이같이 행동을 함으로써 개개인의 이기적인 생물학적 요구를 넘어 사회적으로, 공적으로 인정받을 만한 새로운 뭔가를 세상에 내놓을 수 있다. 스스로의 선택에 따라 독배를 든 소크라테스나 다른 것을 위해 목숨을 내어놓는 누군가처럼 우리는 우리 자신의 생존 본능 자체에도 반할 수 있다. 이렇게 자유로운 결정을 내릴 수 있는 능력 덕분에 우리가 하는 일을 전적으로 예측하기란 불가능하다.

삶은 예상치 못한 결과의 연속이다

50세의 조앤 헤링은 최고급 라이프스타일, 흥청망청한 파티, 거기에 토크쇼 사회자를 방불케 하는 깔끔한 말솜씨로 유명한 텍사스의 사교계 인사였다. 그녀의 두 번째 남편은 1980년대에 파키스탄 정부와 거래를 했던 석유 재벌이었고, 그로 말미암아 그녀는 파키스탄의 육군 수장 지아울하크와 친구가 되었다. 지아울하크는 그녀에게 소련의 아프가니스탄 침공과 함께 자행되고 있는 가혹행위들을 이야기해 주었다. 국경을 넘어 몰래 아프가니스탄에 잠입해 들어간 헤링은 이 장면을 직접 목격했고, 이 사건으로 그녀의 삶은 완전히 뒤바뀌었다. 당시 미국 정부는 아프가니스탄 사태에 대해 공개적인 관심을 두지 않고 있었기에 집으로 돌아온 헤링은 자신이 나서기로 결단을 내렸다.

남편이 세상을 떠난 후 헤링은 하원 세입세출위원회의 일원이자 '방탕한 찰리'로 알려진 찰스 윌슨 의원과 관계를 맺고 있었다. 해링은 그를 설득해 아프간 난민수용소를 방문하게 했으며, 이일로 40대 후반이 된 호방한 윌슨의 삶도 완전히 달라졌다. 그 후 몇 해 동안 그는 아프간 반군에게 무기를 대줄 자금을 모금했고, 결국 반군은 소비에트를 굴욕적으로 몰아내는 데 성공했다. 한 사교계 인사와 플레이보이 정치인이 역사의 진로를 바꾸는 데 큰 역할을 했던 것이다. 이 독특한 이야기는 톰 행크스가 윌슨 역을 맡은 할리우드 영화 《찰리 윌슨의 전쟁》으로도 만들어졌다.

이런 사람이 예상과는 달리 변화의 도구가 될 수 있다면 우리가 유사한 일을 하지 못할 이유가 있겠는가? '평균적인' 사람이 뭔가 놀라운 것을 이루어내지 못하게 막는 것은 아무것도 없다.

'예상할 수 없음'이 인간 속성의 정수가 된다는 생각은 사람은 환경과 시대의 산물일 뿐이라는 '영리한' 의견에 정통으로 반한다. 이러한 견해는 진정으로 위대한 사람은 존재하지 않으며 한 사람이 만개하는 까닭은 오로지 운 좋은 상황에 처했기 때문이라고 주장한다.

이제 우리는 비즈니스에서 성공을 거둔 두 사람의 삶을 들여다봄으로써 그 견해의 타당성을 짚어보려 한다. 과연 그들이 단순히 운과 주어진 것들의 결과였을까? 그렇다면 자수성가한 인물이라는 개념은 한낱 신화에 불과한 것일까?

52세 레이 크록, 맥도날드를 만들다

미국에서 가장 살고 싶은 도시로 항상 상위권에 꼽히는 샌디에이고의 멋진 기후는 사실상 연중 맑고, 부드러운 해풍 덕분에 지나치게 기온이 오르지 않는다. 근사한 해변과 상쾌한 교외, 로스앤젤레스 중심지와의 유사성 그리고 맛있는 음식 (바로 앞이 멕시코 국경이다) 덕분에 양질의 삶을 누릴 모든 조건을 갖춘 곳이다.

1974년, 조니 스미스와 남편은 이런 점들을 고려해 지역 야구팀인 샌디에이고 파드리스를 사들인 뒤 샌디에이고로 이주했다.

1950년대 초반 조니 스미스는 미네소타주 세인트폴의 한 레스토랑에서 오르간을 연주하며 약간의 부수입을 버는 젊은 주부였다. 어느 날 저녁 한 중년 회사원이 그 레스토랑에서 저녁을 먹게 되었다. 둘은 곧 서로에게 끌려 이야기를 나누었지만 두 사람 모두 결혼한 상태였다. 한동안 두 사람은 가까이 지냈지만 그녀는 남편을 떠날 생각이 없었고, 그 후로 5년 동안 둘 사이의 연락은 끊겼다.

1960년대 후반 한 콘퍼런스에서 둘은 다시 만났다. 두 사람은 서로가 평생의 사랑이라는 것을 깨달았고, 샌디에이고 사교계와 경영계의 거물로서 그 뒤로 이어진 15년 동안을 함께했다. 그녀는 대공황 때 일자리를 잃은 철도 노동자의 딸이었고, 그는 시카고에서 삶을 구축한 보헤미아인 농부의 자손이었다. 인생에서 비교적 늦은 시기이기는 했지만 모든 면에서 두 사람은 햇살 바른 양지를 발견한 셈이었다.

1984년 남편이 사망한 뒤에도 몇 년 동안 조니는 야구팀을 계속해서 운영했다. 그러다가 1990년대에 들어서면서 그녀는 본격적인 기부활동에 나섰다. 열성적인 반전주의자로서 노터데임과 샌디에이고대학교의 평화 연구소에 자금을 댔고, 반핵 운동에도 후한 기부를 아끼지 않았다. 호스피스 병원과 동물보호소, 노숙자들과 알코올 중독자들을 위한 센터를 건립하고, 에이즈 연구를 지원하고, 재해구조에도 큰돈을 쾌척했다. 익명으로 기부하는 경우도 적지 않았으며 1997년에는 수천 명의 미네소타 홍수 피해자들에게 1,500만 달러(약 200억 원)를 흔쾌히 내놓기도 했다. 1년 후 그녀는 샌디에이고의 롤란도 지역에 구세군이 운영하는 12에이커(약 15,000평)에 달하는 커뮤니티 센터를 건립하는 데 8천만 달러(약 1,000억 원)를 출연했다. 아이스링크와 수영장, 체육관, 회의실, 도서관, 컴퓨터 시설, 극장, 그리고 공연예술학교까지 갖춘 이 복합시설은 이 지역 주민들이 좀처럼 누릴 수 없었던 레저와 문화를 향유할 기회를 안겨주었다. 이 센터의 성공은 그녀의 마음속에 깊이 새겨졌다.

15년 후 조니가 사망하자 그녀가 소유했던 부동산의 상당 부분이 구세군에 상속되었다. 15억 달러(약 1조 9,500억 원)의 가치로 미국 역사에서 단일 자선 단체에 기부한 최대의 액수였다. 이 자금으로 미국 전역에 걸쳐 샌디에이고의 커뮤니티 센터를 모델로 한 30곳의 커뮤니티 센터가 건립되었다. 현재는 거의 모든 곳이 완공되었다. 그녀의 유언에는 1차 이라크 전쟁에 대한 보도를 높이 사비영리 국영라디오National Public Radio 방송에 2천만 달러(약 2,500억 원)를 남기라는 것도 포함되어 있었다. 이 액수는 당시 단일 기부액으로 최대였다.

조니가 26년 연상인 두 번째 남편과 결혼한 것은 그녀 나이 41세 때였다. 이 당시 그녀는 세 딸을 둔 어머니로서 삶에서 나름의 성공을 거두었고, 전남편과 함께 음식 프랜차이즈를 성공적으로 운영하고 있었다. 그러나 그녀의 진정한 전성기는 기부를 통해 많은 사람들의 삶을 극적으로 향상시킬 기회를 가졌던 60대와 70대였다. 그런데 과연 그 돈은 어디서 온 것일까?

그날 레스토랑에서 조니가 만난 남자는 당시 밀크셰이크 기계 유통업자였으며 몇 년 후 맥도날드Mcdonal's를 만든 사람이었다. 그의 이름은 레이 크록이었다.

레이 크록의 이야기는 한 사람이 무(無)에서부터 거대한 기업을 일구어 한 산업의 얼굴을 어떻게 변화시켰는지의 사례로 자기계발서 저자들과 경영학 교수들이 즐겨 언급하는 사례이다. 레이 크록의 1977년 자서전《성공은 쓰레기통 속에 있다Grinding It Out》서문을 쓴 교수는 그가 "피와 살이 있는 호레이쇼 앨저 스토리의 실사판"이라면서 그의 커리어를 일컬어 "이제는 위험을 감수하는 사람이 적당한 보답을 받을 수 없다고 믿는 사람들에 대한 통렬한 반박"이라고 썼다. 그의 성공은 "우리로 하여금 기회는 무궁무진하며, 다만 필요한 것은 바로 적재 적소에 있음으로써 기회를 포착하는 것뿐이라는 사실을 일깨워 준다. 물론 약간의 운도 도움이 되지만 이 풍요로운 사회에서 너무나 많은 사람들이 잊어버린 핵심 요소는 바로 노력이라는 것이다."

물론 맥도날드사가 현대의 가장 위대한 길잡이인지 아닌지를 논하려면 몇 해가 지나도 결론이 나올 리 없다. 그러나 이 장의 목적은 개인의 견해와는 별 상관없다. 여기서는 레이 크록의 삶을 성취라는 측면에서 포괄적인 연구 대상이며 우리 모두에게 중요한 한가지 질문에 답하는 데 일조하는 것으로만 간주할 것이다. 관습적인 성공의 관점, 다시 말해 세상을 자신의 의지에 따라 움직인 영웅적이고 자수성가한 개인이라는 관점이 정말 옳은 것인가라는 질문이다. 질문 하나 더. 레이 크록은 배경과 시대가 낳은 행운의 산물일 뿐이었을까?

꿈이 바로 앞에 있는데 왜 팔을 뻗지 않는가?

레이 크록은 어린 시절 그다지 뛰어난 아이가 아니었다. 사실상 형인 밥에게 모든 면에서 뒤처지곤 했다. 그는 스포츠를 사랑했고 부모와 형제들은 그를 언제나 신나는 것을 찾아다니는 꿈꾸는 아이로 생각했다. 또한 집안일을 포함해 일하기를 즐겼고, 학창 시절 내내 다양한 아르바이트도 했다. 인근의 드러그 스토어에서 소다수 판매점을 운영하던 삼촌 얼을 돕던 레이는 뭔가를 깨달았다. 훗날 그는 이렇게 회상했다. "미소와 적극성으로 사람에게 영향을 줄 수 있어 커피 한 잔 마시러 들른 손님에게도 아이스크림을 팔 수 있다"는 사실이었다. 이 '미소와 판매'는 그의 마음속에 씨앗으로 존재하다 몇십 년 후에 꽃을 피우게 된다.

레이 크록은 일찍이 사업에 관심을 보였고, 부모도 반대하지 않아 고등학교 재학 중에 친구들과 함께 소규모 악보 상점을 열었다, 장사는 그럭저럭 괜찮았지만 여러 사정상 문을 닫을 수밖에 없었다. 열성적인 피아노 연주자였던 어머니는 아들에게도 피아노를 가르쳤다. 그의 피아노 실력은 무척 능숙해져 클럽에서 부수입을 올리기도 했다. 그에게는 아들이 잘되기를 바라는 부모가 있었다. 동시대 불운한 또래들과 견주어 출발이 좋았다고 할 수 있다.

그의 성공을 위한 또 다른 가능한 자원인 문화적 유산을 살펴보자. 레이 크록 자서전의 처음에 나오는 내용이다.

"행복을 빚어내는 것도, 문제를 해결하는 것도, 결국 자신이 하기 나름이다. 나는 늘 그렇게 믿었다. 이 단순명쾌한 철학은 보헤미아 혈통인 내 조상들의 농사꾼다운 사고방식에서 비롯된 것이라 생각한다."

1902년 그가 탄생할 즈음 시카고는 프라하와 빈 다음으로 세계에서 세 번째로 큰 체코인들의 도시였다. 1860년대와 1870년대에 걸쳐 보헤미아에서, 그다음에는 오스트로-헝가리안 제국(현재의 체코 공화국)의 일부에서 이민의 물결이 일어 심지어는 '프라하'라는 동네가 생겨날 정도였다. 그러나 의상과 보석 제작 같은 시장성 있는 기술을 갖고 뉴욕에 정착한 유럽의 유대인들과는 달리 시카고의 보헤미아 이민자들은 대개 기술도 없고 교육도 받지 못했기 때문에 다른 민족 이민자들보다 수입이 훨씬 적었다. 그들은 위험을 무릅쓰거나 혁신을 하는 데는 그다지 관심이 없었고, 주로 목재산업에서 육체노동을 했다.

시간이 지남에 따라 부유해진 일부 체코인은 시세로와 오크파크 같은 교외로 나갔는데 레이 크록이 자란 곳도 그곳이었다. 그의 어머니는 집을 늘 깔끔하게 유지하는 살림꾼이었고, 그가 기억하기로 할머니는 더러운 것을 못 참는 분이어서 일주일의 대부분은 부엌 바닥에 신문지가 덮여 있었다. 토요일이면 할머니는 신문지를 치우고 뜨거운 비눗물로 누구의 발도 거의 닿지 않은 바닥을 박박 닦았다. "그것이 보헤미아에서 할머니가 가져오신 옛 방식이었고 할머니는 달라지려 하지 않으셨다"고 그는 회상한다.

훗날 그의 위생에 대한 집착을 생각하면, 청결에 관한 이 관심은 그의 몸속 깊이 밴 셈이었다. 맥도날드가 초창기에 성공을 거둔 주요한 이유는 1940년대와 1950년대 햄버거 가게나 드라이브인 레스토랑 하면 떠오르는 지저분함과 대조를 이루는 반짝거리는 부엌과 깔끔한 주차장 덕분이었다. 사실 레스토랑 체인이 전국적으로 성공을 거두고 난 몇 년 뒤에도 크록은 기본적인 위생이 어떻게 성공을 이끌었는지를 보여주기 위해 프랜차이즈 레스토랑을 방문해 직접 대걸레로 바닥을 닦곤 했다.

그렇다면 크록은 운 좋은 세대에 속한 것일까?

1902년에 태어났기 때문에 그는 1890년대의 경제 불황을 비껴갈 수 있었다. 제1차 세계대전에 참전하기에는 지나치게 어렸기 때문에 전투도 피할 수 있었다. 마지막으로 미국의 부흥기인 1920년대에 성인이 되었다. 이런 관점에서 보면 그는 행운아였다.

레이 크록은 확실히 그의 아버지나 할아버지와는 달리 탁월한 삶의 기회를 누릴 수 있었다. 할아버지는 궁핍한 보헤미아의 생활을 피해 미국으로 건너왔지만 미국에서의 삶도 녹록지는 않았다. 그래도 그는 가까스로 집안을 일구고 가족을 부양했다. 그러나 아들인 루이스(크록의 아버지)는 고등학교를 다닌 적이 없었고, 13세의 나이에 당시에는 전신회사였던 웨스턴 유니온에서 일하기 시작해 평생토록 성실한 직원으로 근무했다. 그러니 크록은 이 책에서 이야기하고자 하는 것과 위배되는 사례로 들어야 할까? 그리고 크록이 지닌 기회가 정말 놀라운 것일까?

사실 그는 20세기 초반 미국에서 성장한 같은 또래 수백만의 다른 소년들보다 나은 기회를 지닌 것이라고는 할 수 없었다. 그의 부모는 부유하지도 가난하지도 않았고, 격려를 아끼지 않았지만 또래보다 앞서가도록 아들을 밀어붙이지도 않았다. 어린 나이의 레이가 벌인 사업과 소매 경험은 확실히 성인이 되어 유용했지만 이 역시도 전혀 예외적이라고는 볼 수 없었다. 그 시대 수백만의 미국 소년들도 깔끔하고 정리 정돈 잘하는 친척과 열심히 일하는 성실성이라는 문화적 소양을 갖고 있었다. 그런데 이런 것들이 진정으로 성인 시절의 성취에 결정적인 요인이 될 수 있었을까? 유년 시절과 10대에 걸쳐 크록의 가장 두드러진 특징은 평범하다는 점이었다. 그가 조상들보다는 훨씬 많은 기회를 가졌을지 몰라도 동 세대의 또래들과 비교했을 때 우월한 면이라고는 전무했다. 계속해서 그의 이야기를 살펴보자.

17세에 학교를 떠난 뒤 그는 돈 버는 일에 몰두해 집집마다 다니면서 리본을 팔기 시작했고 여름 휴양지에서 피아노를 치면서 가욋돈을 벌었다. 그가 아내 에델을 만난 곳도 이 휴양지 중 한 곳이었고 둘은 결혼을 하기로 했다. 그러나 그의 아버지는 결혼하고 싶다면 '제대로 된' 직업을 가져야 한다면서 아들을 말렸다. 결국 그는 릴리 튤립Lily-Tulip 종이컵 회사의 영업사원으로 취직했다. 종이컵은 1920년대에 상당히 새로운 물건이었고 그는 그 일에서 자신을 입증해 보이고 싶었다. 그 덕분에 그는 곧 당시로는 꽤 높은 급여인 주급 35달러를 받았지만, 아내와 어린 딸을 부양하기 위해 나이트클럽에서 피아노 연주도 했다.

종이컵을 판다는 생각만 해도 따분하다고 여길 사람이 한둘이 아니겠지만 그는 전혀 달랐다. "1927년에서 1937년 사이의 10년은 종이컵 산업의 운명적인 10년이었다"고 훗날 그는 회상했다. 평범하기 짝이 없는 상품에 대한 이 같은 칭찬은 그가 자신의 일에 얼마나 집중하고 열정적이었는지를 여실히 보여준다. 대공황 시기에도 유복하게 살 수 있었던 것이 놀라운 일은 아니었다.

그는 17년 동안 릴리 튤립에 남아 있었고 나중에는 영업이사까지 승진했다. 회사를 떠날 무렵 그는 드러그스토어 체인인 월그린Walgreen 한 곳에서만 연간 500만 개의 종이컵을 팔고 있었다. 그러나 30년대 후반, 그의 관심은 종이컵에서 멀어지기 시작했다. 한 번에 손쉽게 여러 잔의 밀크셰이크를 만들 수 있는 멀티믹서를 발견했던 것이다. 무한한 가능성을 점친 그는 자신이 직접 사업체를 차려 멀티믹서의 독점 에이전트가 되면 어떨까 생각했다. 그러나 한 가지 문제가 있었다. 가족의 생계와 미래가 위태로워지리라고 여긴 아내 에델이 릴리 튤립을 떠나지 말라고 말리고 나선 것이었다. 시카고 외곽의 좋은 집에서 아메리칸드림을 실현하며 살고 있는데, 왜 위태로운 일을 자처하느냐며. 한번은 언쟁 중에 그녀가 도대체 믿어지지 않는다는 투로 소리치기도 했다.

"당신은 서른다섯 살이에요. 그런데 스무 살짜리처럼 처음부터 다시 시작하겠다는 말이에요?"

그는 아내가 자기의 든든한 뒷받침이 되어주기를 바랐다. 갓 시작하는 사업에 따르는 서류 작업과 잡무를 도와달라고 아내를 설득하려 했지만 그녀는 여전히 완고했다. 일이 그에게 갖는 중요성을 감안하면 아내의 거절은 배신이나 다를 바 없었다.

"믿음을 가지면 모든 것을 쏟아 부을 수 있어야 한다. 적절한

위험을 감수하는 것도 도전의 일부다. 사실 바로 그 재미이기
도 하다."

결국 그는 아내의 반대를 무릅쓰고 멀티믹서의 국내 독점 에
이전트 계약을 밀어붙였다.

처음에는 쉽지 않았다. 새로운 산업에 손을 대면서 부채가 쌓
여갔고 빚을 갚기 위해 밤낮으로 일해야 했다. 그러나 상품이 워낙
좋았기 때문에 몇 해에 걸쳐 차츰 테이스티 프리즈Tastee-Freeze와 데
어리 퀸Dairy Queen 같은 거대 체인에 납품하면서 흑자를 보게 되었
다. 50세 무렵 크록은 연간 25,000달러(약 3억 원)를 벌고 있었다.

이제는 설렁설렁 일하면서 골프나 치러 다녀도 충분할 정도
였지만 그는 가만히 있지를 못했다. 그는 두 형제가 샌버너디노에
서 운영하고 있다는 한 가게 이야기를 들었다. 그 가게는 로스앤젤
레스에서 50마일 떨어진 모하비 사막 가장자리에서 레이 크록의
기계를 이용하고 있다는 것이었다. 멀티믹서는 한 번에 다섯 잔의
셰이크를 만들 수 있었기 때문에 대부분의 드러그스토어나 아이스
크림가게에서는 한 대만 있으면 충분했다. 그런데 형제의 가게에서
는 무려 여덟 대를 사용하고 있었다. 어떻게 된 일인지 호기심이 생
긴 레이는 1954년에 캘리포니아로 날아갔다.

그곳에서 그는 자신의 눈을 의심할 수밖에 없었다. 날마다 질
이 달라지는 햄버거 하나를 사려면 죽치고 기다려야 하는 드라이
브인이나 어디서나 볼 수 있는 지저분한 싸구려 식당과는 대조적

으로, 깔끔하기 짝이 없는 건물과 주차장에서 맥과 딕 맥도날드는 상당히 싼 가격(15센트)으로 단 30초 만에 질 좋은 햄버거를 내놓고 있었다. 당시 대부분의 패스트푸드점과는 달리 이곳은 10대들이 어울려 노는 곳이 아니라 가족들이 모이는 곳이었다. 형제는 혁명적일 정도로 적은 메뉴를 기초로 스피드와 신선함을 조합한 완벽한 배달 시스템을 구축해 놓고 있었다. 그곳의 프렌치프라이는 워낙 훌륭해서 사람들이 그것만 먹으러 다시 방문할 정도였다. 찾는 고객이 엄청났기 때문에 밀크셰이크 판매량도 굉장했고, 그래서 멀티믹서가 여러 대 필요했던 것이다.

그날 밤 모텔 방에서 레이는 자기가 판매하는 기계를 몇 대씩 갖춘 맥도날드 레스토랑들이 미국 전역에 퍼져 있는 모습을 머릿속에 그려보았다. 국내 독점 유통업자로서, 그렇게 되면 얼마나 엄청난 돈이 들어올지 믿어지지 않을 정도였다. 이튿날 그는 형제를 만나러 갔고 바쁜 점심시간이 끝난 뒤 나란히 앉아, 전국에 레스토랑을 열자는 아이디어를 설명하고 설득하기 시작했다.

하지만 형제의 답변은 지금의 방식으로 만족한다는 것이었다. 이미 얼마 전에 도시가 훤히 내려다보이는 멋진 집을 마련했고, 각자 새로 캐딜락을 구입했으며 연간 수익 10만 달러를 올리고 있으니 더 이상의 도전이 달가울 리 없었다. 그런데 형제 중 한 명이 이렇게 말했다.

"우리 대신 점포를 열어 줄 사람이 있을까요?"

그 말에 그의 머릿속에 번쩍 불이 켜졌다. 그는 몸을 굽히고 말했다.

"음, 저는 어떨까요?"

지금껏 그가 했던 일과 관련한 모든 경험은 바로 이 순간을 위한 것이었다. 종이컵을 팔던 몇 해는 판매 기술을 제공해 주었고, 멀티믹서 에이전트로서 사업을 시작하면서 시장에 대한 지식도 생겼다. 그리고 이제는 그 결과로 맥도날드 형제를 만난 것이다.

형제는 생각을 바꾸었고, 세 사람은 그가 형제의 시스템과 디자인(건물 위로 'M' 자가 쓰인 금색 아치를 올리는 것)을 그대로 옮겨가 이곳저곳에 점포를 내는 계약에 합의했다.

1955년 4월, 그는 자신의 홈그라운드인 데스플레인스에 가까운 시카고 교외에 첫 번째 맥도날드 점포를 열었다. 대성공이라고는 할 수 없었지만 그것은 이제 시작일 뿐이었다. 점포가공의 문이 열리기 시작했다. 바로 부지를 매입해서 프랜차이즈에 대여해 주는 방식으로 회사를 효율적인 부동산개발업자로 만드는 프랜차이즈 시스템이었다.

1957년 말경에는 37개의 맥도날드 레스토랑이 영업을 하게 되었다. 모든 레스토랑이 기본적으로 주차장 한가운데에 서빙 카운터를 갖고 있었다. (실내 좌석이 있는 레스토랑은 1966년에 첫선을 보였다.) 30년이 넘는 세월 동안 축적된 경험이 빛을 본 것이다. 종이컵이며 믹서를 파느라 직접 발품을 팔며 익힌 미국 전역의 마을과 도시의 지리와 인구구성에 대한 구체적인 지식으로 그는 어느 곳이 맥도날드의 새 점포를 세우기에 최적의 곳인지 확신할 수 있었다. 그 후로

10년 동안 회사는 폭발적인 성장을 보여 오늘날 우리가 아는 대기업이 되었다.

물론 초창기의 맥도날드 직원들이 처음 10년 동안 성실히 일해서 선도적인 체인이 될 모든 기회를 충분히 활용하기는 했다. 누군가는 운이 가장 큰 역할을 했다며, 그가 이제 막 출발하는 로켓 꼭대기에 올라앉은 것뿐이라고 할 수 있다. 그는 맥도날드까지 이어지는 커리어에서도 탁월한 행운을 가졌던 게 아니었을까? 20대와 30대 동안 그는 영업사원으로서 1만 시간에 이르는 기술 개발을 했고, 판매 수치와 고객들의 반응을 통해 성공을 향한 능력에 끊임없는 피드백을 받았다. 이러한 경험은 훗날의 결정적인 순간에 그 역할을 톡톡히 했다. 아무리 그렇다고 해도 당시 미국 전역에는 수백만의 다른 영업사원이 있었고, 그들도 같은 교훈을 얻었으며, 같은 수위의 피드백을 받고, 영업에서 유사한 성공을 이루지 않았던가? 특별히 달랐던 부분은 정확하게 무엇이었을까?

그가 두드러지기 시작했다면 이는 포착한 기회를 잡았다는 뜻이었다. 물론 이것도 그가 만든 기회였다. 아무것도 거저 '주어진' 것은 없었다. 현재의 우리가 아는 맥도날드를 시작할 때 그는 몇 살이었을까? 그의 자서전에는 이렇게 나와 있다.

"사람들은 내가 52세가 되어서야 맥도날드를 시작했으며 하루아침에 성공을 거두었다는 사실에 무척이나 놀란다. 하지만 나는 몇 해를 두고 조용히 기능을 연마해 오다가 어느 날 갑자기 기회를 잡아 대성공을 거둔 비즈니스계의 많은 인물들과 비슷할 뿐이다. 자고 일어나 보니 성공을 거둔 것은 사실이다. 그러나 내가 잠을 잔 것은 30년이라는 기나긴 밤이었다."

결과적으로 성공했지만, 그것은 지식과 기술과 인맥과 직관을 갈고 다듬은 30년이 있기 때문이었다.

다른 특징도 두드러진다. 우선은 기회에 열려 있었다는 것이다. 50대에 들어선 그는 비슷한 연배의 성공한 세일즈맨 수천 명과 별다르지 않았지만 한 가지 결정적인 차이가 있었다. 제2의 인생에 대한 특이한 견해였다. 영업에서의 기나긴 커리어를 통틀어 그는 항상 새로운 기회에 주의를 기울이고 있었고, 마찬가지로 학교를 중퇴하고 세일즈맨이 된 커널 샌더스처럼 지금까지의 삶은 진정으로 위대한 것을 향한 연습이라고 항상 믿어 의심치 않았다. 그는 50세 때의 사고방식을 이렇게 회상한다.

"비즈니스 전쟁에서 상흔을 입은 베테랑이지만 언제든 다시 임무에 뛰어들 준비가 되어 있었다. …… 나는 당뇨와 천식을 앓았다. 쓸개와 갑상선샘의 대부분을 잃기도 했다. 그러나 나는 가장 좋은 것이 아직 내 앞에 있다고 믿어 의심치 않았다."

어쩌면 당신은 맥도날드 점포를 방문하려고 시카고에서부터 비행기를 타겠다는 그의 결정에 뭐가 놀라운 점이 있느냐고 반문할

지도 모른다. 같은 해 플로리다에 드라이브인 레스토랑을 갖고 있던 키스 크래머도 이곳을 방문하고 감명을 받아 인스타 버거킹(후의 버거킹)을 열었다. 또한 이 무렵 맥도날드 형제의 점포가 〈아메리칸 레스토랑American Restaurant〉 표지에 실렸고 같은 업종에 종사하는 수많은 사람들이 주목하기도 했다. 그러므로 그가 맥도날드를 '발견'했다는 공을 독차지하기는 힘들 것 같다. 게다가 맥도날드 형제는 다른 프랜차이즈에 대항해 '스피디 서비스 시스템Speedee Service System'의 특허를 내기도 했다. 일부 프랜차이즈가 황금빛 아치를 포함해 샌버너디노 매장의 인테리어까지 무단으로 베끼는 경우도 있었던 것이다.

그러나 그에게 이 모두는 뜨뜻미지근한 단계에 불과했다. 그의 머릿속에는 전국에 걸쳐 모든 주마다 수백 곳의 맥도날드 점포가 우후죽순처럼 생겨나는 모습이 그려졌다. 그에게는 몹시도 확실한 전망이었고, 형제가 프랜차이즈 부분에 대해서는 별 관심이 없다는 점은 그가 전국에 걸쳐 프랜차이즈 운영자가 될 수 있는 황금 같은 기회였다. 고전적인 경영서《기업가 정신Innovation and Entrepreneurship》에서 피터 드러커는 비즈니스에서의 '예상치 못한 성공'에 대해 이야기하면서, 사람들이 그것을 제대로 누리고 활용하는 데 얼마나 잦은 실패를 하는지 모른다고 덧붙인다. 당장의 잠재력을 알아본 그는 그런 문제와는 거리가 멀었다. 사실 그는 성공의 열쇠가 맥도날드 형제의 점포를 '그대로' 베끼는 것이라는 사실을 알고 있었다.

만약 기회를 놓치고 맥도날드 형제와의 계약에 실패했다면 누군가 다른 사람이 하지 않았을까? 그러나 이런 가정은 별 쓸모가 없다. 결국 그렇게 한 사람은 '그'였다. 그가 '그때' 한 것이었다. 나이가 좀 더 젊었더라면 자신의 판단에 그렇게까지 확신을 갖지 못하거나 계약을 이행할 충분한 자금을 확보하지 못했을지도 모른다. 나이가 좀 더 들었다면 앞에 놓인 도전을 수행할 배짱이 없었을 수도 있다. 그러나 52세에 "가장 좋은 것이 내 앞에 있다"고 믿고 행동으로 옮겼다. 그의 성공 중심 요인은 기꺼이 위험을 감수하려는 태도였다.

크록이 16~17살 때쯤 크록의 아버지인 루이스는 회사에서 승진을 제안받았다. 그 자리를 받아들이려면 가족은 뉴욕으로 옮겨가야 했다. 시카고에서 안정된 삶을 살고 있었기 때문에 아내인 로즈는 그다지 내켜하지 않았지만 그래도 남편의 뜻을 따랐다. 충분히 예상할 수 있는 일이지만 그녀는 뉴욕 생활에 정을 붙이지 못했고 고작 1년쯤 뒤에는 남편에게도 전염되었다. 부부는 다시 시카고로 돌아왔다.

20년 후, 이제 한 가정의 가장이 된 루이스의 아들 레이 크록은 그때와 비슷한 처지에 놓였다. 한 회사에서 15년가량을 일한 뒤 그는 기회를 보았고, 멀티믹서 유통업자로 자신의 사업을 시작하고 싶어 했다. 이때 그와 나이는 35세였다. 그러나 아내 에델의 관점에서 봤을 때 마치 스무 살이기라도 한 것처럼 모든 것을 다시 시작하겠다는 남편은 준비된 사람이 아니었다. 그녀는 남편이 할 수 있다는 것을 믿지 않았다. '에델'과 '레이'의 인생에 대한 관점을 명확히 살펴보자.

에델	레이 크록
회사에 남아 있을 것	밖으로 나가서 나만의 것을 한다면 더 큰 잠재력이 있을 것
우리가 여태 일군 것을 날려버리지 말자.	적절한 위험은 삶의 일부로 감수하자.
다시 시작하기에 당신은 나이가 너무 많다.	단지 워밍업을 하고 있을 뿐이다. 가장 좋은 것은 내 앞에 있다.

에델은 35세의 레이가 뭔가 새로운 것을 시작하기에는 지나치게 나이가 많다고 생각했고, '삶의 단계'에서 무엇이 적절한지를 두고 서로 대립하는 의견을 가졌기에 훗날 두 사람의 이별이 놀라운 일은 아니다. 두 사람이 계속해서 함께 살았다면 그녀는 50대가 된 그가 고질병을 잔뜩 안고서도 인생을 건 모험, 다시 말해 맥도날드를 창업하는 모험을 감수하려는 시도에 혼비백산했을 것이다.

지능적인 위험이라면 기꺼이 감수하겠다는 자세는 확실히 루이스 크록과 레이 크록 사이의 중요한 차이점이었다. 한 사람은 배우자의 압박으로 물러섰고, 다른 사람은 위험을 감수함으로써 결국 역사가 되었다.

설령 환상에 지나지 않는다 해도 안정을 추구하는 것은 이해할 만하지만 그것이 미치는 영향력은 확실히 기억해야 한다. 레이 크록은 갇혀 있기를 바라지 않았고 몽상가 기질이 다분했다. 어떤 측면에서는 운이 따른 덕택이었겠지만 그럼에도 변하지 않는 사실은 그가 안전망 없이 행동했다는 점이다.

그의 통찰력이 가장 빛을 발한 순간은 프렌치프라이의 형태로 다가왔다. 맥도날드 형제를 방문한 첫날 그는 아이다호 러셋 감자 수천 알을 조리하기 전에 바깥 공기에 노출된 닭 사육망에 저장하는 등 두 사람이 프렌치프라이를 만드는데 엄청난 주의를 기울인다는 것을 알아챘다. 프렌치프라이는 그가 맛본 것 중 단연 최고였고, 이윤을 내는 데 결정적인(오늘날과 마찬가지로) 레스토랑 성공의 열쇠였기 때문에 그는 새로운 매장에서도 그 과정을 세심하게 반복할 수 있도록 최선을 다했다. "내게 프렌치프라이는 하나의 종교적 의식처럼 경건한 마음가짐으로 준비해야 하는, 거의 신성한 것이 되었다"고 그는 회상한다.

뒤늦게 삶에서의 임무를 발견한 그는 다시 태어난 것 같은 열정으로 그 임무를 수행했으며, 그 후로 맥도날드를 입에 올릴 때는 마치 자신의 종교라도 되는 것처럼 이야기하곤 했다. 이처럼 소박한 프렌치프라이는 그를 다른 삶으로 이끈 관문이었던 셈이다.

평화재단과 구세군에 아낌없이 베푼 조앤 B. 크록의 기부금과 완벽한 프렌치프라이를 만들겠다는 남편의 집념 사이에 직접적인 선을 긋는 것도 가능하다. 우스꽝스럽다고 생각할지도 모르지만 그 메시지는 지극히 명확하다. 남들에게는 피상적이거나 시간 낭비처럼 보일지라도 당신을 매혹시킨 것을 따르라는 뜻이다. 제대로만 발전시킨다면 당신의 삶에 상상도 못 할 정도의 의미와 목적, 그리고 돈을 가져다줄 수도 있을 것이므로.

생산적인 집착의 본질은 어느 날 난데없이 불쑥 나타난다는 것이다. 인생 전체가 방향을 틀 수도 있는 지점에 서게 된다고 할지라도 그것은 우리가 거부할 수도, 활용할 수도 있는 선물이자 수수께끼이다.

때로 잠조차 못 이룰 만큼 당신을 흥분하게 만드는 것이 있는가? 남들은 사소한 시간 낭비로 치부할지 몰라도 당신이 몇 시간씩 골몰하거나 들여다보게 되는 것은 무엇인가? 다른 사람들에게는 그렇지 않은데 당신에게는 분명한 것은 또 무엇인가? 다른 사람들과는 달리 커리어에서 당신이 얻게 된 통찰력은? 역사는 괄목할 만한 새로운 생산품이나 규범을 이끌어낸 열정으로 가득 차 있다. 당신의 열정 역시도 얼마든지 전 세계적인 것이 될 수 있게 마련이다.

세상을 뒤흔든 '결단'의 법칙

역사는 어떤 일들을 필연적인 것처럼 보이도록 한다. 놀라운 일이 벌어졌을 때 돌이켜 생각해 보면 반드시 그럴 수밖에 없었던 것 같다. 하지만 삶은 돌이켜서 살 수 없는 것이며 진정한 성공도 결코 불가피한 것이 아니다. 오늘날 크록 센터에서 신나게 수영을 하거나 크록 평화재단에서 열린 강연에 감명을 받은 이라면, 몇십 년 전

한 사람이 삶을 살아가면서 내린 결정의 결과라는 사실에 감사해야 마땅하다. 전혀 반대의 방향으로 가거나 아무것도 이루어지지 않았을지도 모를 일이니까.

"성공한 기업체를 볼 때마다 누군가는 용감한 결정을 내렸다는 것을 알 수 있다."

피터 드러커의 말이다. 맥도날드 같은 거대기업을 볼 때면 그것이 '한 사람'에게서 시작된 것이라는 사실을 떠올리기가 쉽지 않다. 모든 중요한 단체나 기업은 바로 한 사람의 특정한 '변곡점'(아래로도 위로도 갈 수 있는 시점)으로 거슬러 올라갈 수 있다.

10대의 레이 크록이 앰뷸런스 운전사가 되려고 기초 훈련을 받을 때 그곳에는 마찬가지로 시카고에서 온 또 한 소년이 있었다. 친구 사이라고는 할 수 없었지만 두 사람 모두 미국의 문화적, 상업적 지평에 어마어마한 영향을 미친 사람들이다. 레이 크록이 동네 바에서 소녀들과 노닥거리고 있을 때 동료인 시카고 소년은 지하실에 틀어박혀 낙서를 하고 그림을 그렸다. 두 사람의 차이는 시카고 소년 월트 디즈니가 20대에 유명해진 반면 레이 크록은 비슷한 명성을 얻기까지 30년을 더 기다려야 했다는 점이다. 자신은 종이컵과 밀크셰이크 기계를 팔면서 느릿느릿 커리어를 쌓아 가고 있는데 동년배는 어마어마한 명성과 부를 얻는 것을 보면서 그가 조바심을 냈을까? 어쩌면 그랬을지도 모른다. 자서전에 속내가 나와 있지는 않다. 그러나 중요한 것은 그가 "난 절대로 디즈니와 비슷한 자리에 닿을 수 없을 테니 낮은 자리라도 만족하고 안주해야겠다"는 생각에 매몰되지 않았다는 점이다. 대신에 그가 지닌 관점은 "내 화살통에는 아직 화살이 남아 있어. 가장 좋은 것은 아직 오지 않았어"였다. 심지어는 50세에도.

　　나이가 들수록 양육 환경이나 단순한 운의 산물이 되는 일은 줄어드는 반면 '이전에 내린 결단의 결과물'이 되는 경우는 늘어난다. 어린 시절이나 청소년기에 얻는 기회는 주로 주어지는 것이지만, 나이가 들수록 과거의 노력 덕분에 기회가 생기는 확률이 높아진다. 50대 중반에 대성공을 거둔 크록을 무언가의 '산물'이라 한다면, 그것은 그가 늘 기회를 살피면서 수십 년 동안 날마다 내려온 수천 가지 작은 결단의 몫이다. 특히 멀티믹서 사업에 뛰어들고 맥도날드의 프랜차이즈 사업을 맡은 두 가지 중대한 결정의 '산물'이다.

　　진실은 한 사람이 어느 길로 갈지는 결코 알 수 없다는 것이고, 삶이 길어질수록 어느 특정한 기회나 사건이 성공이나 실패를 '유발했다'는 말이 정당화되기 힘들다는 것이다. 모든 인간은 어느 정도 행동의 여지를 지니고 있으며 그렇기 때문에 예상치 못한 일을 할 수 있다. 우리는 단순히 자극에 반응하는 파블로프의 개가 아니다. 우리는 자신의 반응을 선택한다. 이것이 바로 사람들이 가진 아름다움이다. 환경이라는 관점이 어느 정도는 가능하겠지만 결코 완벽한 설명을 제공할 수는 없다. 그 방정식에는 가장 중요한 인간적인 요소가 빠져 있기 때문이다. 바로 예상치 못하게 깜짝 놀랄 일을 할 수 있는 능력이라는 요소가.

모든 신드롬은 작은 불씨에서 시작되었다

40년 후 다른 기업의 탄생에서도 놀라울 정도로 그의 이야기를 그대로 읽을 수 있다. 이 점을 기억해 두기 바란다. 여기에서 온 교훈은 그만의 독특한 것이 아니라 당신과 나를 포함해 모두에게 동등하게 적용될 수 있다.

1980년대 초, 하워드 슐츠는 스웨덴 기업 페르스토르프Perstorp의 성공적인 영업 책임자였다. 그는 뉴욕에서 부엌용품 브랜드인 해마플라스트Hammarplast 영업 책임자였다. 슐츠에게는 좋은 시기였다. 보조금을 받는 동네에서 자라났지만 같은 도시에서 그의 부부는 최신 고급 아파트를 구입했다. 주말에는 새 회사 차를 타고 놀러 다녔으며, 월요일이면 자신이 책임질 20명의 영업사원이 있다고 스스로를 일깨우곤 했다.

슐츠의 제품라인에는 드립 커피메이커가 있었는데, 그는 시애틀 소재의 조그만 회사에서 넣은 대규모 주문에 호기심을 느꼈다. 맥도날드 형제에 관한 크록의 호기심과 마찬가지로, 슐츠는 직접 알아보러 비행기를 타고 갔다가 원두커피를 볶아서 파는 체인점 4곳을 발견했다. 그곳의 고객들은 꽤나 깐깐하게 커피 추출 기계를 고르곤 했는데 해마플라스트 상품의 인기가 무척 높았다.

필터 커피가 왕이던 시대에 그곳의 소유주 볼드윈과 고든 보커는 시애틀 시민들에게 진짜 커피를 제공하기 위해 사업을 시작했다. 제대로 된 커피를 사려면 샌프란시스코까지 수백 마일을 운전해서 가야 하던 시절이었다. 커피와 차와 나무가 어우러진 독특한 향에 가게 앞을 지나던 사람은 그냥 지나칠 수가 없을 정도였고 가게에 들어서는 순간 그 이국적인 분위기에 사로잡히게 마련이었다. 1971년 사업을 시작하면서 문학을 사랑하는 그들은 독특한 이름을 생각해 보았다. 허먼 멜빌의 《모비 딕Moby Dick》에 등장하는 피쿼드 호의 일등 항해사 이름은 '스타벅'이었는데, 과거의 커피와 차와 향신료 해양 무역의 로맨스를 떠오르게 하는 이름이었다. 커피를 마시려고 거기 들를 리는 없겠지만 스타벅스라면 가능할 것 같았다.

당시 대부분의 미국인들과 마찬가지로 그때까지 필터 커피만 마셨던 슐츠는 볼드윈이 원두를 갈아 만든 진짜 커피를 처음 대접했을 때를 이렇게 회상한다. "나는 신대륙을 발견한 느낌이었다." 맥도날드 프렌치프라이와 다른 것들 사이의 어마어마한 차이를 깨달은 크록처럼, 슐츠에게 여태껏 마신 액체는 이제 우스꽝스럽게 느껴졌고 그 순간부터 진짜를 향한 여정에 나서게 되었다.

뉴욕으로 돌아오는 비행기에서 슐츠는 어떻게 하면 자신이 본 '마법의 일부'가 될 수 있을지 열심히 궁리했다. 때는 1982년이었고 그가 30세가 되기 몇 달 전이었다. 항상 일에 열심인 그였지만 나라 반대편에 있는 조그만 가게 때문에 정말로 모든 것을 기꺼이 포기해야 할까? 그의 어머니는 레이 크록의 아내와 마찬가지로 이렇게 말했다.

"넌 지금 잘하고 있잖니. 네게는 미래가 있어. 아무도 들어본 적 없는 조그만 회사 때문에 그걸 포기하지는 말아라."

그러나 레이 크록이 단순히 회사원으로서 사는 것에 지치기 시작했듯이, 슐츠 역시도 자신의 운명을 펼쳐나가고 싶던 차였다.

슐츠는 1년 남짓의 기간 동안 자기가 그 회사에서 진정한 공헌을 할 수 있다고 제리 볼드윈을 설득했고 마침내 그 세 명의 소유주들을 저녁식사에 초대할 수 있었다. 스타벅스를 위한 자신의 전망을 확신에 넘쳐서 설파한 그는 이제 일은 다 된 것이라고 믿어 의심치 않았다. 하지만 좋지 않은 소식이 들렸다. 그들은 스타벅스를 확장하고 싶은 생각이 없다고 했다. "지나치게 위험하고 너무 많은 변화가 생기기 때문"이라는 이유였다.

대개는 하는 수 없이 결정을 받아들였겠지만 스타벅스에 완전히 매료되어 있던 슐츠로서 그냥 손을 툭툭 털고 일어설 수 없었다. 그는 계속해서 설득하고 끈질기게 졸라댔고, 세 사람은 마지못해 이를 받아들였다. 회사의 새로운 마케팅부장이 된 그는 봉급이 대폭 삭감되었지만, 정신적으로는 여유를 느꼈다.

몇 년 뒤 슐츠는 그 세 사람의 최초 결정을 순순히 받아들였다면 자신의 삶이 어떻게 되었을지 생각했다.

"인생은 늘 뭔가를 아슬아슬하게 놓친다. 우리가 운으로 넘기
는 많은 것들이 사실 결코 운이 아니다. 그것은 기회를 포착하
고, 미래를 위해 스스로의 책임을 받아들이는 것이다. 남들이
보지 못하는 것을 본 뒤 누가 말리든 그 전망을 추구한다."

"다른 사람들이 보지 못하는 것을 보는 것"이라는 말은 슐츠
가 마치 마법의 횃불을 든 선구자처럼 나섰다는 뜻으로 들린다. 다
만 그는 자신에게 너무도 분명해 보이는 무언가인 스타벅스 확장에
열의를 보였을 따름이었다.

레이 크록은 그때껏 살아온 인생이 맥도날드를 위한 준비 단
계인 것처럼 여겨졌다. 슐츠도 스타벅스를 보며 같은 느낌을 가졌
다. '스스로에게 명백해 보이는 일을 하는 것'은 성공의 방정식에서
결정적인 요인이며, 두 사람이 품은 전망은 그들에게는 명확하기
짝이 없었다.

슐츠의 동료들은 그가 폭삭 망하지는 않더라도, 왜 성장할 것
같지도 않은 산업의 일부가 되려고 하는지 의구심을 품었다. 60년
대 초반 하루 3잔을 정점으로 해서 1인당 커피 소비는 하향세였다.
첫 번째 맥도날드 프랜차이즈를 계약하려고 할 때 크록도 유사한
반응을 경험했다. 대부분 같은 컨트리클럽의 성공한 사업가인 친구
들은 15센트짜리 햄버거를 파는 사업에 뛰어들다니 미친 짓 아니

냐고 생각했다. 그 분야의 낮은 위상은 논외로 한다 해도, 고작 거기서 도대체 돈을 얼마나 벌 수 있을지 가늠이 되지 않았던 것이다.

친구들과 가족들의 반대 목소리는 차치하더라도 커리어에서 성공을 거둔 지적인 사람들이 던지는 질문을 귓등으로 흘려듣기는 어려운 법이다. 그때는 자기 자신과 싸우게 된다. 스타벅스를 발견했을 때 슐츠는 "나는 아직 사업가가 되기에는 그다지 대담하지 못했다"고 인정한다. 그랬다. 안정된 회사에서 나와 적은 수의 체인점을 가진 회사의 마케팅 담당자가 되는 것은 크나큰 변화일 수 있지만 최소한 그는 여전히 고용인의 자리를 유지할 수 있을 터였다. 레이 크록 역시도 대기업의 세일즈맨에서 맥도날드 창업으로 갑작스럽게 비약하지는 않았다는 점을 떠올려보자. 그는 멀티믹서 유통업자로 중간 시기를 보냈으며, 그 경험은 결국 고용인과 사업가 사이의 완벽한 다리가 되었다.

슐츠 이야기의 끝을 맺자면, 스타벅스 마케팅 일을 몇 달 하고 난 뒤 그는 밀라노에서 열리는 커피 무역 박람회에 가게 되었다. 그곳에서 그의 통찰력이 다시 한번 빛을 발했다. 밀라노 어느 모퉁이를 돌아도 대화와 향긋한 향기로 가득한, 분주하고 분위기 있는 카페가 있었다. 그리고 모든 카페에서 미국에서는 한 번도 맛본 적 없는 음료를 팔고 있었다. 바로 뜨겁고 거품 나는 우유와 진한 에스프레소 커피를 섞은 카페라테였다. 그 당시에 스타벅스는 단순히 원두커피를 볶아 파는 곳이었지만 밀라노에서 슐츠는 카페를 만들어 커피를 팔아야 한다는 것을 깨달았다.

그는 시애틀로 돌아와 지금 있는 점포에 카페를 열자고 이야기했지만 정신 나간 아이디어로 치부되어 거부당했다. 그러나 결국 소유주들도 한 가게의 구석에 조그만 카페를 여는 것을 허락해 주었다. 놀랍게도 작은 카페에서 꽤 장사가 되었는데도 그들은 그 아이디어를 확장하고 싶어 하지 않았다. "레스토랑 사업에는 어울리지 않는다"는 것이 그가 들은 대답이었다.

이 시점에서 슐츠가 느낀 좌절감은 훨씬 잘할 수 있다는 것이 뻔히 보이는데도 무슨 이유에서인지 제대로 하려 들지 않는 자녀를 보는 부모의 심정, 바로 그것이었다. 그는 수백만의 사람들이 전국에 걸쳐 산재한 스타벅스 카페에서 멋진 하루를 보내는 것을 상상했다. 정작 가게 소유주들은 같은 전망을 보지 못하거나 아니면 아예 관심이 없었다.

그는 이제 더 나아가 자기 사업을 시작할 때라는 것을 깨달았다. 쉽게 뗄 수 있는 발걸음은 아니었고, 해마플라스트를 떠날 때보다 훨씬 큰 신념이 필요했다. 거의 1년 동안 슐츠는 이탈리아식 카페에 투자할 투자자를 찾으려고 시애틀의 보도를 닳도록 뛰어다녔다. 그가 접촉한 242명의 사람들 중에서 217명은 단호하게 거절했다. 돈이란 돈이 모조리 테크놀로지 창업에 들어가 있는 마당에 왜 커피 따위에 신경을 쓰는지 의아해하는 사람이 한둘이 아니었다. 결국 그는 시애틀의 비즈니스 구역에서 자신의 카페 일 조르날레Il Giornale를 창업할 만한 현금을 가까스로 확보할 수 있었다. 카페는 순조롭게 운영됐고 지점을 내려고 하던 참에 흥미로운 소식이 들려

왔다. 스타벅스 사업이 매매 대상에 올랐다는 것이었다. 카페 한 곳의 창업 자금을 모으는 데도 그렇게 힘이 들었는데 스타벅스 회사에서 요구하는 400만 달러를 과연 모을 수 있을까? 첫 자금 유치 경험을 바탕으로 그는 투자자들을 찾을 수 있었지만 5년 동안 미국 전역에 걸쳐 100곳 이상의 카페를 연다는 조건이 따라붙었다. 당시에는 심지어 그에게도 터무니없는 제안처럼 느껴졌지만 불과 10년 뒤에 스타벅스는 1,300여 개 매장으로 늘어나 있었다.

슐츠의 성공은 크록의 비상을 특징짓는 것과 다소 비슷한 요인에서 비롯되었다. 기회에 열린 마음, 위험을 감수하려는 생각, 새로운 것에 대한 열정이 그것이다. 앞에 두 가지 요소는 슐츠가 정신적으로 공들여 가다듬어 왔던 것들이고, 세 번째는 우리가 보았듯이 개인적인 수수께끼이다. 왜 우리는 다른 것이 아닌 굳이 그것에 그리도 깊게, 갑작스럽게 끌리게 되는 것일까? 슐츠는 가정용품을 파는 자신의 일이 흥미롭다고 생각했지만 커피는 흥분으로 온몸에 전율이 올 정도였다. 그는 이 강력한 비이성적 요소를 잘 알고 있었고 이를 바탕으로 한 가지 원칙을 만들어냈다.

"무언가가 당신의 상상력을 사로잡았다면 다른 사람들도 사로잡을 수 있다."

당신에게 아주 분명해 보이는 것은 시간이 주어지면 다른 사람에게도 분명하게 보이게 마련이다. 물론 눈에 보이는 것을 바탕으로 한 '행동'이 선행되어야 한다.

　　무심코 보았을 때는 여전히 슐츠를 '행운'이라는 범주에 넣을 수 있을지도 모른다. 미국은 제대로 된 커피 소비자들의 나라가 될 채비가 되어 있었고, 스타벅스는 운 좋게도 그 수요의 새 물결이 막 물밀듯이 밀려오기 시작하는 자리에 있었으며, 슐츠는 그 파도를 탄 것뿐이라고 주장할 수도 있다. 하지만 그러한 수요가 있으리라는 예측은 불확실했다. 당시 커피 수요가 하향세였다는 점을 기억하기를. 슐츠는 '커피'라는 관점에서가 아닌 '카페의 경험'이라는 측면에서 스타벅스를 바라보았다. 그에게는 미국이 그러한 경험을 할 만반의 준비가 되어 있다는 사실이 분명히 보였지만, 다른 사람 눈에도 그런 것은 아니었다.

　　슐츠가 용기를 낸 것은 출신 배경 덕분이었을까? 사실 그가 살아온 환경에서 위험을 무릅쓰거나 사업을 시작하라고 격려해 줄 만한 것은 아무것도 없었다. 아버지는 허드렛일을 했고 가족은 뉴욕 경계를 떠난 적조차 없을 정도였다. 심지어 대학에 입학했을 때 그는 집안을 통틀어 첫 번째 대학생이었다. 게다가 대학을 마쳤을 때에도 뭘 하고 싶은지 별생각이 없었다. 22세의 그는 "멘토도, 롤모델도, 선택권을 추리는 데 도움을 줄 특별한 스승도" 없었다. 그는 영감이 떠오르길 기다리며 스키 리조트에서 일했고, 1년 뒤에 뉴욕으로 돌아와 당시에는 탁월한 커뮤니케이션과 영업 기술을 가르치는 훈련 프로그램으로 손꼽히던 제록스의 영업 인턴 자리에 들어갔다. 슐츠는 워드 프로세서를 파는 부서에 배정되어 하루에 50여 통의 권유 전화를 걸었다. 그는 꽤 잘했고 이때 받은 수수료로 단 3년 만에 대학 학자금 대출을 갚을 수 있었다. 이 호기로운 경험으로 말미암아 그는 승승장구할 수 있었다.

지금은 하워드 슐츠를 대기업의 억만장자 창립자로 생각하기가 쉽지만, 성실한 제록스의 영업사원과 카페를 열기 위해 투자자들의 문을 두드리고 다니던 무명의 예비 사업가를 함께 기억해야 한다. 슐츠는 제록스에서 얻은 기회로 지금의 자신이 된 것이라고 하지만 그 기회를 최대로 활용한 사람은 바로 그였다. 우리가 환경에 의해서 만들어지는 존재라 해도 우리는 또한 스스로를 위해 새로운 정신적인 환경을 창조할 수 있다. 제록스에서 슐츠는 성공을 위한 심리적 기반을 닦았고 이것은 훗날 성과를 쌓을 토대가 되었다.

따라서 기막힌 행운이 주어졌기 때문에 성공을 거뒀다는 생각은 터무니없다. 성공의 속성은 자기 창조적이다. 슐츠가 단순히 출신 배경이나 장소, 시대의 산물이었다고 하기보다는 그가 이룬 회사가 시대를 '이루어냈다'고 하는 편이 훨씬 정확한 표현일 것이다. 맥도날드가 그러했듯이.

지금껏 보았던 것처럼 슐츠나 레이 크록의 성공에 불가피한 것은 아무것도 없었다. 두 사람 모두 여느 우리와 마찬가지로 나름의 불안정함과 결점을 갖고 있었지만 그럼에도 불구하고 앞으로 나아갔다. 그들은 그들 자신의 '산물'이었다.

낯선 방향으로 발을 내디딜 용기

사람과 관련해 '산물' 같은 단어를 쓰는 것은 잘못되었을 뿐만 아니라 위험하다. 사람이 환경에 따라 결정되는 존재라면 삶의 모습을 전적으로 예측할 수 있겠지만 대개는 그럴 수 없다. 우리가 성공에서 가정과 대대로 이어진 유산의 역할을 폄하하는 것은 사실이지만, 이걸 정정하겠답시고 '개인'에게서 나오는 결정적인 불꽃, 불타는 열망, 초월하고 싶은 바람을 과소평가해서는 안 된다. J.P. 스턴은 철학자 프리드리히 니체에 대해 이렇게 말했다.

"그는 체계를 불신한다. 인간이나 인간의 정신을 하나의 체계 하에 가두려는 것은 타당하지 못하다고 생각하기 때문이다."

궁극적으로 절대적인 성공 이론이라는 것은 있을 수 없다. 그런 이론의 대상인 사람은 예상하지 못한 일을 하기 때문이다.

마르크스나 헤겔 같은 위대한 사상가들이 주장하는 것처럼 역사는 어떤 결과를 이끈 국가나 지배적인 사고에 대한 원대한 설명이라고는 하지만 한나 아렌트가 지적한 대로 이러한 견해는 한 가지 중요한 진실을 간과하고 있다. 바로 예측할 수 없는 인간의 능력이다. 더욱 정확히 말해 역사란 개개인이 예상을 '무릅쓰고' 행동하는 순간들의 연속이다.

당신은 자신이 유전자나 환경의 산물이라고 믿는가? 그렇다면 그것은 당신의 삶을 제한하거나 예측 가능하게 만들 수 있다. 예측 불가능한 본질적인 인간의 속성 역시도 자신의 모습을 찾는 데 도움을 줄 수 있다는 점을 기억하자. "새롭다는 것은 매일의 목적에서 확실한 것들, 통계 법칙과 개연성의 압도적인 확률에 반해 생겨나게 마련이다"라고 한나 아렌트는 지적했다. "표시된 이익률은 과거의 실적에 기준을 두고 있으며 미래의 수익은 보장하지 않습니다"라고 쓰인 안내문이 딸리는 금융 상품처럼, 이 시점에서 당신의 미래는 개연성에 기준을 두고 있을지 몰라도 이 개연성은 과거의 경험에 근거하고 있을 뿐 아무것도 결정하지는 못한다.

당신도 지금 인생이라는 그래프에서 오르내릴 수 있는 비슷한 변곡점에 서 있을지도 모른다. 게다가 예상보다 수명이 더 길어진다는 것은 앞으로도 발전할 기회를 숱하게 만난다는 의미가 된다. 당신은 스스로를 변화시킬 수 있을 뿐만 아니라 세상을 변화시킬 수도 있다. 스스로에게서 예상치 못한 것을 기대해 보자. 미래는 아직 백지 상태니까.

CHAPTER

NEVER TOO LATE TO BE GREAT

위대한 것은
아주 작은 것부터
시작된다

20대 초반에 나는 대학을 1년 쉬고 배낭여행을 떠났다. 첫 번째 목적지는 캘리포니아였고, 나는 친구의 삼촌 댁에서 머물 예정이었다. 찰스 베롤츠하이머는 당시 80대 후반으로, 7개 국어를 할 줄 알며 초기 활판 인쇄술 시기에 인쇄된 서적인 인큐내불라 컬렉션을 소장하고 있는 르네상스적인 인물이었다. 1860년대에 독일에서 이주한 연필 제조사 집안의 자손으로 뉴욕의 안락한 환경에서 자라났다. 나이가 들자 아버지는 그를 하버드에 진학시켰고, 그는 그곳에서 화학을 공부했다.

인생에서 무엇을 할지 결정할 시기가 왔을 때 이미 선택은 되어 있는 것이나 다름없었다. 1910년대와 1920년대에 걸쳐 미국의 연필 제조산업은 한 가지 문제를 안고 있었다. 연필 재료인 이스턴시보드 지역의 삼나무 재고가 고갈되고 있었던 것이다. 베롤츠하이머 집안은 캘리포니아와 오리건의 삼나무가 빽빽이 자라는 풍성한 숲에 대해 잘 알고 있었고, 20대 초반의 찰스는 캘리포니아로 이주했다. 그의 아버지는 자금을 모아 캘리포니아 시더 프로덕츠 California Cedar Products라는 회사를 사들였다.

몇십 년 동안 찰스는 캘시더CalCedar를 탄탄하게 운영해 나갔고, 유창한 외국어 실력으로 연필 제조에 쓰이는 삼나무 판재를 파는 해외시장을 개척했다. 요세미티를 비롯한 자연 지역을 몹시 사랑했기에 그는 절대로 삼림을 베거나 태우는 짓은 하지 않았고 회사의 생산품을 만들 수 있는 지속 가능한 원천을 개발하는 데 앞장섰다. 톱 기술과 목재 과학 혁신에도 언제나 팔을 걷어붙였다. 제품 생산에 따르는 어마어마한 양의 톱밥을 어떻게 처리할지 늘 고심하던 찰스는 연구개발팀을 꾸려 인조 파이어로그firelog를 개발했다. 톱밥과 왁스로 만든 서서히 타는 제품으로 진짜 나무 대신 벽난로에 쓸 수 있으며 숯 같은 지저분한 찌꺼기도 남지 않았다. 파이어로그가 새로운 상품은 아니었지만 1960년대에는 시장이 그리 크지 않아 지역별로 소규모 사업자가 만들어 파는 수준이었다. 그러나 불과 몇 년 만에 캘시더에서 만든 프리미엄 듀라플레임은 미국 전역의 슈퍼마켓에 공급되어 새로운 시장을 이루어냈다. 듀라플레임은 지금까지도 미국에서 가장 잘 팔리는 파이어로그 자리를 지키고 있다. 찰스는 1995년에 세상을 떠났지만 90대에도 날마다 회사에 나갔다.

찰스와 그의 회사는 틈새 공략의 힘을 보여준 탁월한 사례이다. 연필을 보며 재료인 나무판자를 떠올리는 사람은 별로 없을 테지만 연필 판재가 없으면 연필도 없는 법이다. 베롤츠하이머 가문은 경쟁 심한 연필 시장에서 눈을 돌려 현명하게 틈새시장을 개척해 나갔으며 캘시더는 여전히 세계 제1의 연필 판재 공급업자 위치를 고수하고 있다. 게다가 듀라플레임 파이어로그 사업은 연필 판재라는 틈새시장이 완벽하게 메워지지 않았다면 아예 빛을 볼 수 없었을 것이다.

기업이 일일이 시장을 쫓아다니면서 성장할 수는 없다. 틈새를 골라내거나 혹은 창조하고 거기서 리더가 되는 것을 목표로 삼아야 한다. 포스트잇과 스카치테이프, 그 밖에도 유용한 물건을 다수 발명한 회사 3M은 광공업 사업체로 출발했고, 사업 초창기 몇 해 동안은 고전을 면치 못했다. 살아남기 위해서 3M의 직원들은 실험을 할 수밖에 없었고, 결국 사소한 잔가지처럼 보이는 연구라도 튼튼한 줄기로 자라나 연관된 생산품을 맺을 수 있다는 것을 깨닫게 되었다. 어떤 것이 크게 자랄지 알 수 없기 때문에 3M은 사소한 것들에도 신경을 기울였다. 그것은 "너무 작다고 무시하고 지나칠 어떤 시장과 생산품도 존재하지 않는다"는 기업 문화의 한 부분이 되었다.

작은 틈새를 채우는 성공 법칙은 마이크로소프트 같은 거대 기업에도 적용된다. 마이크로소프트의 초창기 시장은 특정한 운용체계CPM를 위한 특정한 프로그래밍 언어BASIC를 개발하는 정도였다. 그렇지만 한 가지 특정한 요구를 채우면 시간이 지남에 따라 다른 것, 더 큰 요구가 보이게 마련이다. 칩과 프로세서의 힘이 커지면서 빌 게이츠는 "우리 어머니도 사용할 수 있을 만큼 손쉬운" 데

스크톱 소프트웨어 시장이 있으리라는 것을 깨달았다. 마이크로소프트를 부유하게 만든 유저 인터페이스 윈도우 3.0은 제대로 만들어지기까지 예상보다 오랜 기간(7년)이 걸렸지만 게이츠와 파트너인 폴 앨런이 깨달은 것처럼, 잘 채워진 틈은 어마어마한 사업이 될 수 있었다.

당신은 아마도 당신의 제품으로 틈새를 공략하기에는 턱없이 부족하다고 두려움을 느낄지도 모른다. 그러나 진실은, 성공을 거둔 모든 큰 기업도 처음에는 작은 시장을 겨냥한 특수한 생산품에서 성장했다는 것이다.

실은 '작게' 생각해야 하는데도 크게 생각하는 데에 지나치게 초점을 맞추고 있는 것은 아닐까? 작은 것을 제대로 하면 성장은 저절로 이루어진다. 새로운 혁신이나 아이디어를 두고 처음 시작할 무렵 시장성이나 청중이 없는 것 같다며 좌절해서는 안 된다. 좋은 것이라면 시장이 저절로 따라오게 되어 있다. 마케팅 전문가 알 리스는 누구나 자신의 분야를 지배하고 싶어 한다면서 "그러나 이렇게 하기 위해서는 '크게'가 아니라 '작게' 시작해야 한다"고 지적했다. 위대한 브랜드는 모두 무(無)에서 효율적으로 시장을 창조한 것들이다. 예를 들어 처음 탄생되었을 때 코카콜라의 시장은 제로였다. 에디슨이 전구를 발명했을 때 전구 시장이라는 것은 존재하지 않았고, 칼 벤츠가 처음 자동차를 팔 때도 자동차 시장은 없었다. 캘시더는 파이어로그를 판매할 기성 시장을 찾지 못했다. 슈퍼마켓을 돌며 파이어로그를 들여놓으라고 설득했고, 평범한 나무를 태우면서 별 불만 없던 사람들에게 파이어로그의 장점을 알리려 애를 썼다.

새로운 틈새를 찾고 공략하는 데 있어 원료가 문제 되는 경우는 거의 없다. 찰스와 그의 가족은 버려지는 톱밥과 싸구려 왁스로 만든 상품으로 전국적인 시장을 창출하지 않았는가. 아직 채워지지 않은 필요가 당신에게는 분명히 보인다면 십중팔구 당신이 옳다. 그리고 다른 사람들도 결국 그 필요를 보게 될 것이다.

대체 성공까지 얼마나 걸리는 걸까?

비즈니스의 고전《기업가 정신》에서 피터 드러커는 스위스 바젤의 화학약품 제조회사 호프만 라 로슈에 대해 썼다.

창립자인 프리츠 호프만 라 로슈는 초창기에 무척 고전해야 했다. 아닌 게 아니라 처음 30년 내내 그랬다. 직물염색제와 감기약, 진통제를 제조했지만 독일과 스위스의 대형 염색과 화학회사들에 밀려 큰 진전을 거두지는 못했다. 급기야 제1차 세계대전 동안에는 독일과 프랑스 양쪽 모두가 스위스의 회사가 상대방 편이라고 간주하고 영국과 더불어 보이콧에 나서면서 결정적인 위기를 맞았다. 설상가상으로 러시아에 혁명이 발발하면서 회사는 100만 스위스프랑(약 15억 원)의 손실을 보게 되었다. 파산 일보 직전이었고 어떻게든 자금이 필요했다.

그러나 1930년대 초반이 되자 마침내 상황이 회사에 유리하게 돌아가기 시작했다. 합성 비타민을 생산하려면 스위스의 MIT공대라 할 수 있는 ETH에서 근무하는 한 팀이 낸 특허가 필요했고, 로슈는 고액 연봉으로 이 과학자들을 끌어들였다. 로슈는 이 새로운 물질에 모든 것을 쏟아부었다. 마침내 1934년, 최초의 상업적으로 판매 가능한 비타민 C 캡슐이 출시되었다. 비타민은 곧 엄청난 사업이 되었고, 1980년대까지 로슈는 전 세계 비타민 시장의 절반을 점유했다.

2002년에 사업부를 매각하기는 했지만 비타민에 사활을 건 로슈의 도박은 성공의 밑거름이었다. 잘 채워진 하나의 틈새는 다른 문을 열어젖히게 마련이다. 이후 회사는 역시 시도된 적 없는 의약품 분야, 정신적으로 안정을 찾게 해주면서도 몸을 지치지 않게 하는 근육이완 신경안정제 개발에 자금을 쏟아부었다. 1950년대에 회사는 리브리움과 바리움(현재의 디아제팜)을 출시했고, 그로 말미암아 로슈는 현재 500억 달러(약 65조 3,000억 원)의 수익을 내는 세계적인 제약회사가 되었다. 1920년대가 저물 무렵 로슈는 세상을 떠났지만 후손들은 여전히 회사 지분의 상당 부분을 보유하고 있다.

당신은 이건 '대기업' 얘기 아닌가 할지 몰라도 드러커가 지적한 대로 호프만 라 로슈는 시작할 때 큰 기업이 아니었다. 당시 로슈는 대기업에 대항해 어떻게든 시장에서 우위를 점할 상품을 만들려고 안간힘을 쓰는 가족 사업체에 불과했다.

당신이 세운 단체나 기업체가 지금 서 있는 곳 역시 이 지점이 아닐까?

드러커의 제자 중에는 미국에서 잘 알려진 기업들의 믿기 힘든 여정과 성공을 다룬《좋은 기업을 넘어 위대한 기업으로Good to Great》의 저자 짐 콜린스가 있다. 20년 동안 이러한 기업들을 연구한 뒤 콜린스는 다음과 같이 썼다.

> "결과가 얼마나 극적인가와는 무관하게, 좋은 것에서 위대한 것으로의 변형은 단번에 일어나지 않는다. 그 과정은 어떤 돌파구가 나올 때까지 무겁고 거대한 바퀴를 한 방향으로 무턱대고 밀고 한 바퀴 한 바퀴 돌 때마다 천천히 가속해 가는 것과 비슷하다."

우리는 서둘러 큰 효과를 보려고 안간힘을 쓰는 데 익숙해져 있다. 부모가 된다는 우월감과 기쁨에 지나치게 눈이 먼 나머지, 정작 아기에게 아낌없이 주어야 할 사랑과 관심을 잊고 있는 셈이다.

일단 첫 1%를 달성하라

미래학자 레이 커즈와일은 테크놀로지와 사회를 꿰뚫는 정확한 예측으로 정평이 나 있다. 예를 들어 이미 1980년대에 그는 1990년대 인터넷이 폭발적으로 성장할 것을 예측했다. 그런 커즈와일이 우리가 살아가는 방식에 크나큰 변형을 일으킬 '인텔리전트 머신intelligent machine'의 도약에 대해 대담한 예측을 내놓았다.

커즈와일은 전화의 보급부터 컴퓨터가 우리 생활에 파고들기까지 그 모든 것의 궤적이 시간과 비례해 매끈한 상승선을 따르는 것이 아니라, 처음에는 미미한 각도로 시작하지만 얼마 지나지 않아 상승률이 거의 두 배로 증가하는 경사로와 비슷하다고 말한다.

그는 많은 사람들이 자신의 예측을 일축하는 까닭은 기하급수적인 성장이라는 사실을 인정하지 않기 때문이라고 한다. 다시 말해 초창기에 대부분의 것들이 조금도 놀라워 보이지 않는 이유는 성장률이 더디기 때문이다.

> "과학자들은 자신들이 현재의 페이스로 계속해서 일하리라고 생각한다. …… 그러나 그들은 과거로부터 선형 외삽법linear extrapolation을 이루어낸다. 인간 게놈의 처음 1퍼센트를 배열하기까지 몇 년이 걸리자 과학자들은 이러다가 결코 끝내지 못하는 건 아닐까 염려했지만 어느 순간 지수성장곡선의 스케줄을 맞출 수 있었다. 1퍼센트에 이른 뒤로 매년 두 배로 성장한다면 고작 7년 만에 100퍼센트에 다다를 수 있다."

왜 이것이 개인이나 비즈니스적인 성과에 중요할까? 뭔가 새로운 일에 착수할 때 초창기 몇 년 동안의 성장은 아주 더딜 수도 있기 때문이다. 급격한 지수성장곡선의 특징은 처음에는 워낙 완만해서 두드러지는 지점이 없다. 그렇기에 긍정적인 피드백이 쏟아지지 않는 한 대부분의 사람들이 포기하는 지점이기도 하다.

그러나 계속해서 밀어붙인다면 가속의 법칙이 효과를 발휘해 언젠가는 그 진전 속도를 따라잡기 버거울 때가 오게 마련이다. 중요한 것은 초기에 불안감에 휩싸이지 않고 자연스러운 성장의 속도에도 평정심을 유지하는 것이다.

급격한 성장에 딱 들어맞는 예는 바로 론리 플래닛Lonely Planet이다.

1972년, 이십대 초반의 토니와 모린 휠러는 영국을 출발해 아시아를 가로질러 마침내 오스트레일리아에 닿았다. 이 여행의 마지막 몇 주는 발리에서 삐걱거리는 보트를 타고 항해를 해서 오스트레일리아 해안에 도착한 것이었다.

두 사람은 널라버 평원을 가로질러 히치하이킹을 해서 시드니에 도착했고, 항구가 내려다보이는 싱글 룸을 임대했다. 일주일에 16달러짜리 집이었다. 그 집에서는 기이하고 아름다운 건축물이 지어지는 모습이 훤히 보였다. 바로 시드니 오페라하우스였다.

이들은 런던의 한 공원 벤치에서 만난 커플이었다. 토니는 경영학도였고 모린은 고작 일주일 전에 벨파스트에서 온 시간제 비서였다. 원래 두 사람의 계획은 영국으로 돌아갈 수 있을 만큼만 돈을 모으려는 것이었지만 시드니에 1년 더 머물면서 여행을 하기로 결정했다. 그러자 사람들은 끊임없이 오스트레일리아까지의 여행에 대해 비슷한 질문을 해왔다. 문득 둘은 그런 생각을 했다. 자신들의 경험을 조그만 가이드북으로 만들어 팔면 어떨까?

1973년 10월, 그들은 《값싸게 아시아 횡단하기Across Asia on the Cheap》라는 제목으로 인쇄한 다음 손으로 일일이 제본해 1,500부를 만들었다. 토니는 오스트레일리아의 여러 도시를 돌며 직접 서점을 방문해 주문받은 뒤 남은 짐을 보관하고 있던 수트케이스 두 개에 책을 넣어 배달했다. 그들은 곧 3,500부를 더 찍게 되었다. "완전히 계획하지 않은 성공"이라고 토니는 기억한다. 이렇게 하면서 먹고 살거나 최소한 다음번 여행 경비를 벌 수 있겠다는 생각이 두 사람의 머릿속에 떠올랐다.

첫 번째 가이드북의 수입보다는 일해서 번 돈이 더 크기는 했지만 그들은 함께 돈을 긁어모아 당시만 해도 여행객들이 잘 가지 않던 동남아시아 일대를 여행했다. 발리는 여전히 낙후된 낙원의 섬이었다. 찜통 같은 싱가포르 방에서 두 사람은 두 번째 책《싼값으로 여행하는 동남아South-East Asia on a Shoestring》를 만들었다. 첫 해의 매출은 1만 5천 파운드(약 2,500만 원)였는데, 이 책 한 권의 소매 가격이 1파운드(1,600원)였기에 사업을 유지하려면 많은 부수를 팔아야 했다. 1975년 말이라고 기억하며 모린은 이렇게 말했다.

"사업은 여전히 소규모여서 우리가 몰던 낡은 포드의 트렁크에 문서를 모두 싣고도 남을 정도였다."

정부의 보조 덕분에 이듬해 토니는 처음으로 프랑크푸르트 도서박람회에 참가해 막 싹 튼 회사를 소개할 수 있었지만, 그가 가진 돈으로 머물 수 있었던 곳은 벼룩 들끓는 값싼 방뿐이었다. 몇 해 내내 비슷했다. 여행을 할 때 휠러 부부는 말 그대로 땡전 한 푼 없어질 때면 친구들에게 의지할 수밖에 없었다. 토니는 심지어 부수입을 올리느라 다른 회사의 가이드북을 쓰면서 겹치기로 일하기까지 했다.

1976년 그들은 네 권의 책을 펴냈고 이듬해에는 여덟 권으로 늘었다. "돌아보면 상당히 조잡한 책들이었지만 단순히 서가에 올리는 것만으로도 사업이 유지될 수 있었다. 더욱이 그 책들은 주로 비어 있던 틈새를 채우는 역할을 했기 때문에 훗날 펼쳐보았을 때 그다지 훌륭한 책은 아니었을지라도 주위의 여느 책보다는 훨씬 나았다"고 토니는 지적한다.

토니와 모린에게는 "우리가 원하는 것을 하는 것이 금전적으로 많은 돈을 버는 것보다 여전히 훨씬 더 중요"했다. 1970년대 후반, 그들은 스리랑카와 미얀마(당시 버마)에 관한 책을 펴냈다. 많이 팔릴 리는 없었지만 단순히 두 사람이 가보고 싶었던 장소라는 것이 그 이유였다. 그러나 장기적으로 보았을 때는 이런 류의 책을 만드는 것이 신뢰성을 쌓는 데 중요하다는 것을 두 사람 모두 알고 있었다. 스리랑카 책은 내전에 돌입하기 직전이라는 기막힌 타이밍에 나왔고, 높은 판매율을 기록했다. 그럼에도 불구하고 사업을 시작한 지 6년이 지났어도 직원은 세 명뿐이었다.

론리 플래닛의 성패를 좌우하게 된 것은 인도 가이드북이었다. 당시에는 인도 여행 가이드북이 1850년대에 출간된 유명한 머레이의 《인도 여행지를 위한Handbook for Travellers in India》과 더불어 포도스Fodor's와 프로머스Frommer's에서 나온 것이 전부였다. 그리고 이 책들은 모두 돈이 많이 드는 여행을 소개하고 있었다. 그러나 인도는 당시의 예산이 빠듯한 여행자들이 가장 좋아하는 곳이었고, 두 사람은 배낭여행 가이드북 시장이 틀림없이 있을 거라고 믿었다. 두 사람은 1980년 인도로 여행을 떠났다. 모린은 갓 임신한 상태였고, 1년 중 가장 더운 시기였다. 1980년 말까지만 해도 론리 플래닛은 곧 파산할 것처럼 보였다. 그들의 사업 파트너 짐은 뇌동맥류로 병원에 있었으며, 모린은 딸 타시를 난산하고 난 뒤 일을 제대로 할 수가 없었다. 토니는 혼자서 안간힘을 쓰다가 고혈압이 발병하고 말았다. 인도 가이드북을 끝내는 것은 요원해 보였고, 산고 끝에 나온 것은 다른 책들보다 세배가 두꺼운 700쪽에 이르는 책이었다.

그러나 1981년 말에 출판되었을 때 책은 성공을 거두었고, 토머스 쿡 '올해의 가이드북 상'을 수상했다. 처음 창업한 지 10년이 지나자 조그만 회사 론리 플래닛은 흑자를 보는 탄탄한 회사가 되었다. 1984~1985년 론리 플래닛은 33권의 책을 출간했고, 이듬해에는 25만 파운드(약 4억 1,000만 원)의 이익을 보았다. 1990년대 중반쯤 매출은 거의 1천만 파운드(약 163억 7,000만 원)로 치솟았다.

초기에 모린은 론리 플래닛이 두 사람을 먹여 살릴 만큼 돈을 벌 수 있을 거라고 생각하지 않았기에 이들의 결혼이 모험은 아닐까 염려했다. 그러나 그녀의 염려는 결국 긍정적인 효과를 낳았다. 회사가 이윤을 내야 한다는 생각에 토니가 일에 전념하게 되었던 것이다. 토니는 한 인터뷰에서 이를 이렇게 요약했다.

> "처음 10년 동안 우리는 돈 한 푼 없이 앉아만 있었습니다. 친구들은 BMW를 타거나 집을 사고 아이를 기르고 있었는데요. 그렇지만 우리는 아이디어가 있었기 때문에 애를 쓴 겁니다."

돌이켜보면 배낭여행 가이드라는 대규모의 시장이 열릴 준비를 하고 있었다는 것을 알 수 있지만, 두 사람이 사업을 시작할 무렵에는 전통적인 여행 시장에 견주면 아주 규모가 작았다. 지금은 지구상 거의 모든 지역에 대한 가이드북이 있지만 1970년대 출판사들은 세계의 대부분을 평범한 사람들이 가기에는 어려운 곳으로 제외시켜 놓고 있었다. 그러나 휠러 부부는 자기들과 비슷한 사람이 많음을 알고 있었다. 여행에 열정적이지만 단순히 여행자로 그치지 않고 그 지역에 녹아들어 가기를 바라는 문화적으로 민감한 사람들이었다.

> "론리 플래닛의 이야기는 열정을 일로 승화시키는 꿈을 꾸는 사람이라면 누구라도 공감할 수 있을 것입니다."(모린)

론리 플래닛은 수백 명의 프리랜서 작가를 고용해 세계 구석구석의 가이드북을 만들었고, 놀랍게도 상당히 큰 규모로 성장했다. 2007년, 휠러 부부는 론리 플래닛을 BBC에 매각하기로 결정을 내렸다. 매각 조건은 알려지지 않았지만 2억 5천만 달러(약 3,260억 원)를 상회할 것으로 여겨진다. 35년 전에 자동차 트렁크에서 시작된 기업으로서는 정말이지 엄청난 금액이었다.

혁명이란 없다, 진화하는 것일 뿐

뻔한 소리 같지만 여러 면에서 세상을 바꾼 거대 기업들은 모두 하나의 아이디어, 심지어 아주 단순한 아이디어에서 출발했다. 그런데 우리는 탄탄한 구조를 가진 회사나 단체를 보면 늘 있었던 것으로 착각하는 실수를 범하곤 한다.

새로운 기업에 조언을 할 때 비즈니스의 대가 알 리스는 성공을 추구하는 데 있어서 큰 기업들을 모방하려고 하지 말라고 한다. 대신 모든 대기업들이 시작은 보잘것없었다는 점을 명심하고, 새로운 창업 회사의 입장에서는 이 기업들이 성공하기 '전'에 무엇을 했는지를 알아내야 한다고 말한다.

"브랜드를 만드는 것은 더디고 인내심이 필요하며 조직적인 작업이다. 하룻밤 사이의 성공을 이루려면 몇십 년이 걸린다

271

는 옛말은 빈말이 아니다. 물론 예외는 있고 우리는 그런 경우를 '혜성'에 비유한다. 그러나 이러한 예외는 보통 폭발적인 성장을 이루는 산업에서 일어난다. 그렇게 하면서 선도적인 브랜드들을 이끄는 것이다. 그러나 대부분의 경우, 한 브랜드가 성공적으로 자리를 잡기 위해서는 몇 년에서 몇십 년이 걸리기 마련이다."

예를 들어 폭스바겐은 브랜드로서 정상에 오르기까지 20년 가까이 걸렸다. 오늘날 우리에게 친숙한 브랜드들은 오래전부터 우리와 함께 있어 온 것들이다. 제너럴 일렉트릭은 1892년, 메르세데스 벤츠는 1885년, 웨지우드와 모에 & 샹동 샴페인, 레미 마탱 코냑은 모두 1700년대에 시작된 기업들이다.

온라인 시대는 어떤 특정한 서비스나 애플리케이션이 유용하다는 소문이 빠르게 퍼져나가기 때문에 강력한 브랜드를 구축하는 데 걸리는 시간을 훨씬 단축할 수 있다. 그러나 아무리 온라인이라 해도 브랜드 하나를 만드는 데는 시간이 걸리는 법이다. 페이스북의 전신인 페이스매시Facemash는 하버드의 마크 주커버그가 2003년 론칭했지만, 회사가 지금의 명성을 누리게 되기까지는 대학의 뿌리를 벗어나서도 3년이 더 걸렸다. 구글의 검색엔진은 1998년 1월 활성화되었지만 온라인에서 소문이 퍼지는 빛과 같은 속도에도 불구하고 그 진가가 발휘되기까지는 3년이 더 필요했다.

마이크 모리츠는 구글의 초창기 잠재력을 알아보고 자신

이 일하는 벤처 캐피탈 회사인 세쿼이아 캐피털Sequoia Capital에서 1999년 1,250만 달러(약 163억 원)를 투자하도록 했다. 5년 후, 주식은 20억 달러(약 2조 6,000억 원) 가치가 되었다. 모리츠는 성공만큼이나 수많은 실패를 맛본 사람이었고, 닷컴 스타가 되기까지의 각별한 노력과 리드 타임에 대해 이렇게 지적한 바 있다.

> "사람들이 이해하지 못하는 것이 있다. 널리 알려진 기업들이 대부분 하룻밤 사이에 성공을 거두지는 못했다. 실리콘 밸리도 예외는 아니다."

사람들은 지금 자신이 있는 곳에서 바로 '실리콘 밸리'를 만들 요량으로 충고를 들으려고 끊임없이 그에게 질문을 던진다. 그러나 하루아침에 일어난 일이 아니라고 모리츠는 지적한다. 현재의 실리콘 밸리는 50년에 걸쳐서 형성되었다. 그의 표현대로 "그걸 병에 넣고 밖에 나가 비옥해지지 않은 땅에 뿌린다고 될 일은" 아닌 것이다.

1959년에 실리콘 밸리에 입성한 세쿼이아 캐피털의 창립자 돈 밸런타인은 자신의 견해를 이렇게 피력한다.

> "벤처 산업은 1960년 무렵부터 비롯되어 현재까지 이어졌으니 반세기 정도 지속된 산업이라고 할 수 있다. 그러나 여전히 벤처 산업은 새로우며 수학 통계가 적용된 금융의 한 분야 같

은 모습을 하고 있다. 우리는 투자로조차 생각하지 않는다. 회사를 세우는 것으로 생각하며, 때로는 시간이 세우는 산업으로 여기기도 한다. 그리고 물건을 사고판다는 관습적인 개념과는 전적으로 다른 마음가짐과 태도가 필요하다. 여기는 뭔가를 사는 곳이 아니다. 뭔가를 세우는 곳이다. 완전히 새로운 기업, 때로는 새로운 산업을 창조하는 설립팀에 참여하는 것이다."

실리콘 밸리에서 밸런타인은 말한다.

"혁명적인 것은 아무것도 없다. 진화적인 것일 뿐."

닷컴과 테크놀로지 분야의 중요 인물이 한 말로는 놀라운 표현이겠지만, 밸런타인이 운영하는 회사 이름이 그 모든 것을 대변해 준다. 세쿼이아 나무는 1,500년을 살 수 있고 100미터 이상의 높이까지 자라나 모든 숲을 관장할 수 있다. 그러나 다른 나무들과 마찬가지로 그 시작은 조그만 묘목이었다.

크게 되려면 천천히 가라

전 세계 수백만 명을 빈곤의 굴레에서 벗어나게 도와주고 있는 '마이크로론microloan'에 대해 들어본 적이 있겠지만 소액대출 운동이 어떻게 세상에 나오게 되었는지는 반복해서 이야기할 가치가 있다.

무함마드 유누스는 방글라데시 치타공대학교의 경제학 교수로, 학교 담장 밖에서 벌어지고 있는 일에 대해서는 그다지 신경 쓸 필요가 없는 사람이었다. 그러나 기근이 모국 방글라데시를 덮치기 시작하자 그는 경제 이론의 가치에 대해 회의를 품기 시작했다. 식량이 부족해 아기들이 굶어 죽을 판에 이론이 무슨 소용이겠는가.

유누스는 인근 마을로 가서 우선 빈곤에 대해 배우기로 결심했다. 그는 빈곤하지 않다면 유능했을 사람들이 돈이 없어 빈곤의 사이클에 갇혀 있다는 것을 깨달았다. 만약 그 사람들에게 낮은 금리로 적은 돈이나마 빌려줄 수 있다면 재료를 구입해 판매할 만한 상품을 만들어 더 이상 고리대금업자의 빚에 시달리지 않아도 될 성싶었다. 조브라의 44가구에 빌려준 유누스의 첫 번째 대여금은 27달러였다. 담보도 없고 대부분이 문맹이어서 간단한 문서도 작성할 수 없기 때문에 어떤 은행에서도 돈을 빌려줄 생각조차 하지 않는 사람들이었다. 유누스는 자신을 은행가로 여기지는 않았지만 그곳에 적은 자원으로도 충족시킬 수 있는 분명한 필요가 존재하고 있었다. 그의 실험은 2008년 전 세계의 가난한 가정에 70억 달러를 빌려주어 그중 많은 가정을 빈곤에서 벗어나게 해준 단체인 그라민 은행의 시작이 되었다.

30년 넘는 기간 동안 괄목할 만한 성장을 기록한 성공의 비밀은 무엇일까? 유누스는 놀라운 대답을 한다.

"새로운 지역에서 그라민이 일을 시작할 때마다 단 한 번도 서두른 적이 없었습니다."

새로운 마을에 자리를 잡고 처음 1년 동안에는 100명 이상의 대여자를 찾으려고 그리 애쓰지 않았다. 그러나 이런 신뢰의 씨앗은 인근 지역으로 퍼져 나갔다. 유누스는 현장 담당자들에게 이렇게 충고했다.

"될 수 있는 대로 천천히 하세요! 느릴수록 더 좋습니다. 모든 것이 제자리를 찾은 뒤에야 속도를 올릴 수 있는 법이니까요."

될 수 있는 대로 천천히. 이것은 사업의 초기 단계에 있는 어느 누구에게라도 극단적인 충고지만, 유누스가 지적한 대로 기본적인 구조가 세워지고 나면 막상 준비되었을 때는 훨씬 빠르게 움직일 수 있다. 시멘트가 단단하게 마를 때까지 기다리지 않으면 훗날 문제가 발생하기 마련이다.

정신적인 운동과 종교는 억지로 성장시키려 한다면 오히려 더디 성장한다. 사이비 종파와 컬트는 카리스마 넘치는 지도자를 등에 업고 빠른 속도로 성장하지만, 오래 지탱할 수 있는 영속적인 원칙이나 가르침이 결여되어 있기 때문에 그만큼 빠르게 시든다. 진정한 종교가 탄생했다고 할 수 있으려면 각각의 세대가 그 진정성을 경험할 수 있도록 오랜 세월에 걸쳐 그 원칙과 영적 법칙들이 점검받아야 한다. 예수가 세상을 떠난 이후 기독교가 자리를 잡기까지는 수 세기가 걸렸다. 부처의 경우도 비슷했다. 살아생전 의심할 수 없는 힘을 가졌음에도 그 가르침이 세상을 움직이기까지는 오랜 세월이 필요했다.

그러나 현재의 영적 전통에서 갈라져 나온 분파나 개선된 다른 형태의 종파들은 상당히 빠른 진전을 보일 수 있다. 특히나 뿌리에서 떨어져 나와 다른 부분에 이식되었을 때는 더욱 그렇다. 예를 들어 티베트 불교의 한 분파인 카르마 카규Karma Kagyu, 혹은 다이아몬드 웨이 불교Diamond Way Buddhism는 세계의 가장 외진 곳 중 한 곳에서 몇 세기에 걸쳐 발전된 종교이다. 20세기가 한참 지나서까지 일부 대담한 인류학자나 선교사, 여행객 외에 서구인들 중에는 이 이국적이고 자족적인 문화와 접촉한 사람이 거의 없었다. 1960년대 후반에야 갓 결혼한 젊은 덴마크인 부부 올레와 한나 니달이 히말라야로 가서 카르마 카규의 영적 지도자인 16대 카르마파의 첫 번째 서양인 제자가 되었다. 카르마파는 그들에게 강력한 명상과 만트라를 전수했고, 그로 말미암아 이 부부는 약물중독 히피에서 다른 사람의 행복을 위해 나서는 강인한 사람들로 바뀌었다. 카르마파는 두 사람에게 평생의 임무를 부여했다. 유럽으로 돌아가 자신들이 배운 철학을 서구의 라이프스타일에 맞는 신선한 방식으로 가르치라는 것이었다.

1972년, 부부는 코펜하겐으로 돌아와 티베트와 인도 이외의 지역에서 최초의 다이아몬드 웨이 센터를 열었다. 티베트 불교가 위협까지는 아니더라도 서구에서는 기이하고 이국적인 것으로 여겨지던 시절이었다. 그 소박한 시작 이후 40년이 지난 지금 전 세계에 걸쳐 수백 곳의 센터와 그룹이 생겨났고, 다이아몬드 웨이는 아시아를 제외한 지역에서는 가장 큰 불교 단체가 되었다. 그것은 불교 관습에 충실하게 설교를 하거나 선교활동에 나서서가 아니라 함께 힘을 모아 교세를 확장한 덕분이었다. 여기서는 이런 메시지를 읽을 수 있다. 40년은 오랜 세월 같지만 그렇지 않으며, 심지어는 한 사람의 전 생애에서도 마찬가지라는 것이다. 아닌 게 아니라 올레 니달은 20대 후반이 되어서야 불교를 처음 접했다.

그라민 은행의 예에서 보듯 어떤 조직이라는 '나무'에서 가장 중요한 점은 그 무성함과 뿌리의 깊음이다. 이것을 이루려면 시간이 걸리게 마련이지만 일단 이루어지면 성장을 걱정할 일은 없다. 얼마 지나지 않아 나무를 심은 사람은 그 높이와 강인함, 놀라운 생산력에 감탄하게 된다. 초기에는 천천히 함으로써 우리는 모든 것을 차곡차곡 정리할 수 있다. 일단 정리가 되면 적당한 시기가 되었을 때 속도는 저절로 붙는다. 이 점을 반드시 기억하기를. 역사상 그 어느 때보다도 우리는 이런 일을 할 수 있는 시간이 충분하다.

성공의 비결은
지금 그 한 걸음에 있다

뭔가 새로운 것에 착수할 때 초창기 몇 년 동안 뭔가 진척되는 속도가 고통스러울 정도로 느리다고 느껴질 수 있다. 그러나 크거나 위대한 것은 모두 작게 시작되었을뿐더러 불편하리만큼 오랜 세월 동안 조그만 채로 머물러 있는 경우가 많다. 그러나 한 가지를 계속 밀어붙이면 가속화된 성장의 법칙이 속도를 낼 확률이 높아진다. 다만 그 어떤 프로젝트에서도 최초의 1퍼센트가 특별한 것인 만큼 서두르려고 해서는 안 된다.

양분을 주고 나름의 방식으로 성장할 시간을 주면 아주 사소한 것이라 해도 꽃을 피워 쓰임새 있는 것이 될 수 있다. 뻔한 이야기 같지만 큰 것을 추구하는 여정에서 우리는 이 성장의 기본 법칙을 아주 쉽게 잊곤 한다.

지금은 바람에 시달리는 묘목처럼 보일 뿐이지만 가치 있는 어떤 프로젝트를 수행하고 있는가? 하릴없이 산 밑자락을 쑤시고 있는 것처럼 보이지만 그 어떤 크나큰 노력을 기울이고 있지는 않은가?

정상에서 손을 흔드는 사람들과 자신을 비교해 봤자 기운만

빠질 뿐이다. 그러는 대신 그들도 한때는 당신과 같은 곳에 있었다는 사실을 떠올리자. 위대한 인물이나 생산품, 기업체에서 반사되는 빛 때문에 눈멀기 쉽지만, 가까이 다가가면 아주 작고 앞날을 전혀 알 수 없는 애초의 모습을 볼 수 있다.

한 인터뷰어가 워런 버핏에게 이렇게 성공할 줄 알았느냐고 묻자 그가 답했다.

"아니요."

그의 대답에 인터뷰어는 성공의 비결이 무엇인지 물었다. 그러자 수백억 달러의 재산을 일구고 이제는 그 재산을 사회에 환원하고 있는 노인은 이렇게 대답했다.

"한 발 한 발 내딛는 것이지요."

조그맣게 시작하면 성장과 시간이라는 불변의 법칙을 따를 수 있다. 이러한 법칙은 우리가 사는 동안 아름다운 정원이나 무성한 숲을 일구어낼 것이고, 우리가 떠난 뒤에도 후세의 삶을 풍부하게 해줄 것이다. 윌리엄 제임스는 말했다.

"삶을 가장 잘 활용하는 방법은 삶보다 오래 가는 무언가를 창조하는 것이다."

당신의 삶도 할 수 있다. 아직 늦지 않았다.

이제는
가속의 시간이다

《과학혁명의 구조》에서 토머스 쿤은 지식은 기존의 이해 패러다임을 뒤집는 불편한 사실들에 기초해 발전하며, 이 과정에서 새롭고 더 정확한 패러다임을 형성한다고 기술했다.

이 책에서 나는 두 가지 사실에 주목하도록 노력했다.

하나는, 우리가 이루려고 하는 것은 예상보다 한층 오래 걸린다는 사실이다. 또 하나는, 우리는 더 길고 건강하게 살게 되었다는 사실이다.

첫 번째 사실은 하루아침의 성공, 다시 말해 불쑥 "뭔가가 일어나서" 현재의 고단한 세상을 벗어나 명성과 영광, 혹은 영원한 행복으로 옮겨가게 해주리라는 생각과는 다르다. 사실 그런 생각은 어디서나 쉽게 나오는 얘기다. TV에서는 무명에서 깜짝 스타가 된 사람들, 엄청난 액수가 걸린 복권, 일주일, 혹은 어떤 책에 따르면 심지어는 '59초' 만에 삶을 바꾼다는 자기계발 문화를 쉼 없이 다룬다. 마음가짐의 변화는 한순간에 일어날 수 있지만 실제 삶을 바꾸는 것은 전혀 다른 문제다. 우리 대부분에게 느닷없이 좀 더 높은 차원으로 올라가는 일은 절대 일어나지 않는다. 우리가 달성하는 성공은 수년 동안 꿈꾸고, 고안하고, 노력한 결과물이다.

두 번째 사실은 인생이 짧다는 통념을 뒤집는다. 진정한 성취는 우리가 인정하고 싶은 것보다 더 길고 거친 길일 수 있지만 우리는 역사상 그 어느 때보다 충분한 시간을 갖고 있다. 당신은 "7일 안에 삶을 바꿀" 필요가 없다. 그 일을 할 수십 년이 남아 있으니까.

어떤 일을 완벽하게 하는 데 얼마나 걸리는지와 그 노력에 우리가 들일 수 있는 시간이 얼마나 되는지를 이해하는 것은 성공을 위해 필요한 것을 깨닫는 기본이다. 대개의 사람들이 시간에 대해 갖는 심리적 이미지는 두려움에서 비롯되지만, 시간을 장애물이 아닌 도움의 관점에서 본다면 속도에 집착하는 이 사회에서 우리는 스스로에게 특별한 이점을 부여할 수 있다. 자기계발 분야에서는 진정한 성취를 이루는 데 얼마나 걸리는지에 대한 이야기는 하려 들지 않는다. 그러나 우리의 결단과 행동이 단순한 바람이 아니라 절실한 경우, 성공과 관련한 시간의 척도를 정확하게 안다면 실제로 이루어질 확률이 높다.

이 책에서 살핀 것들을 다시금 마음에 새겨보자.

- 충분한 리드 타임이라는 요소를 감안하면 그 어떤 큰 프로젝트나 기술이나 사업체도 실질적으로 이루어낼 수 있다. 자

신의 삶과 일에 대해 장기적 전망을 가지면 동료들보다 훨씬 나은 자리로 나아갈 수 있다.

- 지금까지 자신의 성취 속도에 좌절했다면 브리슬콘 소나무나 라라무리 선수들을 기억해 보라. 설령 지금 자신의 위치 정도면 성공이라 생각하더라도, 인생의 진정한 목표를 이루기 위해 지금까지 한 일은 준비운동에 불과할 수 있다.

- 명성이나 위대한 성취에 압도될 일이 아니다. 누구든 처음에는 '시작'이 있었고, 그 성과를 이루기 전에 뭘 했는지 연구하는 편이 훨씬 가치 있다.

- 기회에 열린 마음을 가지고 호기심을 잃지 말며, 기꺼이 위험을 감수하고 열정을 느끼는 것이라면 열심히 따르라. 대부분의 사람들이 어른이 되면서 잃게 되는 자질이지만, 이런 자질을 온전히 갖고 있는 사람이라면 같은 세대의 다른 이들이 저물어 갈 때 오히려 인생의 절정기를 맞이한다.

- 자신에게 분명해 보이는 것을 하라. 무언가에 대한 필요가 있다는 걸 알아챘다면 다른 사람들도 그럴 확률이 높다. 지금 제안할 시기가 아니라면 기다려라. 스스로에게 충실하면 상황은 언젠가는 유리하게 돌아온다.

• 인간은 본래 예측 가능한 존재가 아니며 모든 사람은 어떤 식으로든지 세상을 변화시킬 수 있는 새로운 시작을 할 수 있다. 인생의 처음 30~50년은 무언가 중요한 것을 세우기 위해 기술과 경험과 지혜를 제공할 기초를 다지는 것에 불과하다.

• 자기계발 강연가들은 인내를 설파하지만, 뛰어난 이들의 삶을 특징짓는 것은 성실함과 결합된 실험정신이었다.

• 소박하게 시작하고, 자신의 아이디어나 사업체가 뿌리를 내릴 수 있도록 충분한 시간을 주어야 한다. 오래 지속되는 무언가를 만들려면 충분한 시간이 필요하다.

• 크게 생각하면 어떤 목표에 언젠가 닿을 수 있겠지만, 그것과 더불어 길게 생각한다면 위대함을 향한 완벽한 레시피를 갖게 된다.

마지막으로, 우리는 지나온 과거의 단순한 산물이 아니라는 점을 기억하자. 인간이 과거의 산물에 불과하다면 예상치 못한 일은 아무것도 하지 못하겠지만 그렇지 않다. 인간은 미래에 의해서도 움직이며 이는 현실로 이루어질 확률이 높다.

사람은 시간과 공간에서 살아가는 존재이다. 우리가 사랑하고 번성하고 잠재력을 채우고 휴머니티(어떤 의미로는 성공)를 발휘하는 정도는 시간의 역할을 얼마나 잘 인식하고 이해하는가에 달려 있다. 시간을 보는 방식을 바꿈으로써 삶을 변화시킬 수 있다는 에드워드 밴필드의 말은 전적으로 옳다.

우리는 저마다 독특하고 강력한 삶을 구축할 수 있다고 하지만, 이것은 그에 따르는 불가피한 역경이나 장애 혹은 방향의 전환을 수용할 줄 아는 장기적인 전망을 가질 때에만 가능한 일이다. 1930년대 중반 대공황 시기에 나폴레온 힐은 청중들에게 인생의 '귀중한 진실'은 무엇을 구상하고 믿든 간에 그것을 성취할 수 있는 것이라고 설파했다. 하루하루가 힘들고 수명은 얼마 되지 않았던 그 시대에 이 개념은 기이하게만 보였다. 그러나 우리 시대와 시간에서 가능성은 우리를 위해 활짝 열려 있다. 물론 때로는 원하는 것보다 훨씬 오래 걸릴 수 있다. 특히나 중차대한 프로젝트는 그 속성상 몇십 년이 지나야 제대로 펼쳐지기도 한다. 하지만 오늘날 우리에게는 충분한 시간이 있다.

위대함을 향한 여정에서 이 자유롭고 행복한 진실을 발견하기를 바란다.

이 책은 사무엘 스마일스와 오리슨 스윗 마든부터 데일 카네기, 나폴레온 힐, 데이비드 슈워츠 등 20세기 주요 인물과 스티븐 코비, 앤서니 로빈스, 웨인 다이어, 캐서린 폰더 같은 현대 인물에 이르기까지 지난 150년간 위대한 자기계발 서적의 저자들에 대한 헌정서입니다. 이 책은 부분적으로 동기 부여 분야에 대한 비평이지만, 자기계발 분야 자체에서도 큰 가치가 있습니다.

저는 호주 태생에 영국에서 거주하고 있으며, 자기계발 및 비즈니스 분야에 중점을 두어 작업해 왔고 그 대부분은 미국 관련 문헌입니다. 저의 거주지와 시기, 관심사는 제가 글을 쓰는 대상과 내용에 자연스럽게 영향을 미쳤습니다. 제가 잘 알지 못하는 분야에서도 길고 느린 성공의 이야기가 수천 가지 있다는 사실을 압니다. 따라서 사례의 대표성을 주장하지 않지만, 사례를 제시해 주신 모든 분께 감사드립니다.

펠리시티 브라이언 어소시에이츠의 샐리 할로웨이가 책의 강점을 살려 저를 대리하기로 동의하고 콘셉트를 다듬는 데 도움을 줬습니다. 또한 적절한 출판사를 찾기 위해 제안서를 작성하는 방법을 알려줬습니다. 가능한 한 많은 사람들이 이 책을 읽을 수 있도록 전략을 짜준 버진 북스의 에드 포크너와 그의 동료들에게도 감사드립니다. 편집을 맡아준 클레어 윌리스도 고마워요.

사라 레이븐스크로프트는 이 책의 아이디어를 처음부터 마음에 들어 했고, 모두에게 들려줘야 할 메시지라고 했습니다. 어머니 매리언 버틀러 보던도 이 책이 제 최고의 작품이라고 믿었습니다.

저의 이전 책을 읽은 많은 독자와 친구, 가족들이 이 책의 개요를 보고 의견을 제안했습니다. 롭 커버, 이안 헌터, 어팬 앨비, 바네사 비노스, 제니퍼 베이커, 스튜어트 모세, 앤드리아 몰로이, 릭 리처드슨, 딘 빌, 다니엘 미드슨 쇼트, 존 에이본, 숀 쿡, 조지 레이븐스크로프트, 사샤 레이븐스크로프트, 에디 버틀러 보던, 리처드 코크에게 감사의 마음을 전합니다. 당신의 이야기를 들려줄 수 있게 해준 워릭 메이슨 윌슨에게도 감사드립니다.

타마라 루카스는 이 책이 'Slow-Cooked Success'라는 제목이었을 때 회의적이었습니다. 수정된 개요에 대한 당신의 의견은 가치가 있었습니다. 체리, 당신은 제가 현재를 더 깊이 이해하도록 도와주면서 더 긴 시간의 틀에서 생각하게 만들었습니다. 모두 감사합니다.

옮긴이 **홍연미**

서울대학교에서 영어영문학을 전공하고 오랫동안 출판 기획과 편집을 했다. 현재는 번역가로 활발하게 활동하고 있으며 옮긴 책으로는 《내 마음의 소리》, 《수탉의 여행》, 《나이젤과 꿈꾸는 달》, 《한밤중에 옷장 문을 열면》 등이 있다.

피크타임

초판 1쇄 인쇄 2024년 1월 10일
초판 1쇄 발행 2024년 1월 15일

지은이 톰 버틀러 보던
옮긴이 홍연미

발행인 유영준
편집팀 한주희, 권민지, 임찬규
마케팅 이운섭
디자인 STUDIO BEAR
인쇄 두성P&L
발행처 와이즈맵
출판신고 제2017-000130호(2017년 1월 11일)

주소 서울 강남구 봉은사로16길 14, 나우빌딩 4층 쉐어원오피스(우편번호 06124)
전화 (02)554-2948
팩스 (02)554-2949
홈페이지 www.wisemap.co.kr

ISBN 979-11-89328-77-1(03190)